丘比德與賽姬：

陰性心靈的發展（修訂版）

艾瑞旭・諾伊曼　著
呂健忠　譯注

圖片說明：

　　提埃坡羅（Giovanni Battista Tiepolo, 1696-1770）《維納斯與時間的寓意》（*An Allegory with Venus and Time*，約1754-8）：

　　背景為互相擁抱的一對神鴿飛臨美惠三女神上方，畫面中央是維納斯託付稚子予時間老人，時間老人的前下方是小愛神丘比德飛翔於地球上空，他的左手邊閒置收割地上人間的長柄鐮刀，整幅畫以紅顏不朽寄意「永恆的陰性」。

To Spring and Lilac

目次

中譯修訂版序

　　讀者諸君如果對人、愛情和心理學感到興趣，這本書是值得推薦的養生餐。如果對神話學和性別關係也有興趣，這本書更是不容錯過的滿漢全席。這裡使用「滿漢全席」的譬喻，強調的不是餐飲業所標榜珍饈奢華的盛宴排場，而是學術界所珍惜嘆為觀止的精緻用心。提到學術界也透露本書不是通俗讀物，英譯本由普林斯頓大學出版，1999版權轉移到專門出版學術書籍的勞特利奇（Routledge）出版社，此一事實意味著有閱讀的基本門檻。門檻雖在，卻有踏階可期，這篇譯序希望能夠發揮那樣的作用，協助一般讀者登堂入室，從一則人見人愛的神話故事管窺心靈發展的神秘與奧妙。

　　以上的開場白同時也交代我喜歡這本書的理由，以及一見鍾情之後第十八年著手翻譯的動機。如今轉眼又過了十年，利用再版的機會加以修訂。修訂之處包括初版校稿疏失、不妥的措詞和語序、誤譯的兩個句子以及漏譯由單獨一個句子構成的一個段落。注釋的部分，沒有注明「原注」或「英譯注」者皆為中譯注。中譯注刪刪增增結果多出二十來條，保留的部分也作了些修改，總之無非是希望精益求精。經典之作值得以翻譯為志業的人以經典的規格相待。

　　本書原以德文寫成，1952年在蘇黎士出版，作者艾瑞旭・諾伊曼（Erich Neumann, 1905-60）是分析心理學開山祖師榮格的嫡系傳人。中譯本主要是根據Ralph Manheim的英譯本，自1956年問世迄今半個世紀已五度改版（1962, 1971, 1990, 1999, 2002），刷次不計。學術著作能有這樣的出版記錄，說是長青樹，誰曰不宜？

　　喜歡單刀直入以求開門見山的讀者，不妨直接跳到這篇序最後一節〈「陰性心靈的發展」懶人包〉。

諾伊曼其人及其著作

　　諾伊曼是在柏林出生的猶太人。他在1927年得到埃爾朗根－紐倫堡大學的哲學博士學位之後，轉往柏林大學研讀醫學，1933通過學位考試，卻由於納粹當道，因猶太人身分無法取得實習醫師資格而得不到學位──後來柏林大學補頒學位，不過那是他揚名國際以後的事。

　　他早年對藝術有興趣，也寫詩，甚至寫過一部長篇小說《起點》（*Der Anfang*）。在卡夫卡仍無籍籍名的1932年，諾伊曼已經著手研究他的小說。1934，他在蘇黎士認識榮格，跟在他身邊進行研究，期滿後偕同妻子定居巴勒斯坦。1936，他再度追隨榮格的研究工作，奠定他後來成為榮格入室弟子的基礎。隨後他回到特拉維夫執業，從事心理治療的工作。他後來出任以色列分析心理學會主席，工作之餘經常應邀到歐洲各地演講，研究不曾間斷，迭有著作發表，學術成就斐然。就在持續攀登學術顛峰的1948年，他罹腎臟癌，12年後辭世。

　　諾伊曼出版的第一部著作是《深層心理學與新倫理觀》（1949），以「代罪羔羊」的觀念詮釋納粹時期的反猶太政策，認為那個政策是被壓抑的文化與心理因素的投影。該書檢討人類本身的毀滅性格——如佛洛伊德所稱的死亡本能——以及人類心靈與其陰影（釋義見注59）的關係，標題本身足以預告他著書立說生涯的終極關懷與貢獻：當今的個體人格體驗到自我即是中心，可是未來的人類將體悟到中心與人性是一體。

　　「自我即是中心」是以心理學觀點表述古典希臘名言「人是萬物的準繩」，這句名言在十八世紀啟蒙運動的風潮中被無限上綱成為信條，竟至於人性被無限狹隘化成為理智的同義詞。諾伊曼無意質疑人是宇宙的中心這個人文主義的根本信仰，但是基於深刻的心理洞察，他瞭解到人性可以有持續成長的空間。《意識的起源與歷史》（1949）即是他思索以人性為宇宙中心的可行之道，書中描述人類的集體人性與個體的人格演化相似的歷程，辯稱個體心理發展史是人性演化史的投影。具體而言，個體意識的發展無不經歷相同的原型（釋義見注45）階段，也就是標幟人類整體意識演化的三個神話階段：創世神話，英雄神話，蛻變神話。

銜尾環蛇：希臘煉金術小冊子
Theodoros Pelecanos手抄本
（拜占庭，1478）插圖

　　按《意識的起源與歷史》的分析，生命之初是陽性自我和陰性無意識渾成一體的狀態，諾伊曼以「銜尾環蛇」（釋義見注69）稱呼太初陰陽未分的混沌。隨自我意識（＝光）要把自己從銜尾環蛇無意識區隔出來，自我開始經驗到元始的無意識既是自己所從出，卻也同時是自己尋求獨立自主的一大威脅，這種矛盾的經驗就反映在大母神兼具創造與毀滅雙重德性的神話意象（如母神帶來豐收也帶來饑荒，反映在現實世界則是母親養育孩子卻不放心孩子獨立，走火入魔就成了當今所稱的「寶媽」）。剛萌芽的意識要想進一步茁壯，必需擺脫大母神的宰制，也就是銜尾環蛇統一體必需分化成陽與陰兩種性質，猶如宇宙演化必定要渡過天（＝陽＝父系）地（＝陰＝母系）分離的階段。接下來，自我發揮陽剛原則，從母系宰制的狀態獲得解放，正是在神話舞台叱吒風雲的神話英雄所作所為，奠定一神教基礎的父神崇拜（＝父親形象＝太陽神）和獨尊理性的唯理論（強調光明、知識、制度）都是這個階段的產物。然而，諾伊曼觀察到健全的人格不會獨沽陽剛一味，因此提出中和性格（釋義見注142）的觀念，主張自我有協調內部矛盾（包括調和陰陽）的傾向，以再造統一體，但已不同於無意識的太初統一體，而是像歐希瑞斯（釋義見注50）那樣在具有創生之德的母神呵護下經歷蛻變獲得重生所創造的新境界。

　　《意識的起源與歷史》是諾伊曼對分析心理學影響最深遠的貢獻，但是說到他最廣為人知的著作，無疑首推《大母神：原型分析》（1955）。大母神是原型中的原型，諾伊曼為我們提供一部原型分析的典範之作。他開宗明義指出：「分析心理學提到大母神的元始意象或原型，指的不是存在於時空中任何具體的形象，而是在人類心靈

發生作用的一個內在意象」（3）。在現實世界，正如我在《情慾幽林：西洋上古情慾文學選集》引論〈千面女神說從頭〉一節所述，大母神形相不一而且名目繁多，蘇美人的伊南娜、阿卡德人的伊絲塔、埃及的伊希絲、希臘的希拉和阿芙羅狄特、羅馬的維納斯只是廣為人知的幾個例子。其為一原型，諾伊曼本人有一段精闢的說法：「在〔大母神〕這個相對晚出的術語中，顯然『母親』和『偉大』兩詞的結合並不是結合兩個概念，而是結合兩個富含感情色彩的象徵。在這個聯結關係中，『母親』一詞指涉的不只是子女對母親的關係，而且也是自我的一種複雜的心靈狀況；同樣的道理，『偉大』一詞表達的是這個原型形象相較於人類種種以及一般的造物自然所具備優越的象徵性格」（11）。母神之所以為大，正如歌德以複數形態的「眾母親」表達母親的偉大。看他視大母神為具有心理意涵的文化意象，不難領略前文所提他的人性觀寄意深遠。

　　諾伊曼沿襲弗雷澤《金枝》的學術傳統，只不過他以視覺藝術（從新石器時代的出土石雕到二十世紀的美術作品）代替田調資料，憑其敏銳的觀察、豐富的學養和細膩的分析闡述人類的深層心理史，大有助於讀者瞭解從脫離母親的無意識階段到獲致自主意識的個體階段這個過程中各個環節的意義。他運用同樣的研究取向出版的《亨利·摩爾的原型世界》（1959）是他在《藝術與創作的無意識機制》之外另一本結合個人專業與興趣的書。亨利·摩爾（1898-1986）的雕塑為英國在現代主義藝術搶佔一個貴賓的席位，其創作的風格和龐大的數量為諾伊曼提供了系統論述的機會。我們觀察物件有慣用的方式，諾伊曼把論述的焦點擺在支配我們的慣性觀察方式的種種原則，

那些原則其實就是原型，他認為專注於陰性原型是摩爾作品的精髓。所有生命無不仰賴身兼施予和滋養雙重功能的元始陰性（這是以分析心理學的術語表述尚未人格化的大母神），此一現象從孩子依附母親特能清楚看出。母子關係是人類與世界、自然以及生命本身建立關係的典範。為了確立母親－孩子和藝術家－作品的類比關係，諾伊曼提出這樣的看法：藝術家在創造的過程中把自己視同創作原則的受造物，彷彿付出自己生命的一部分，像母親生出孩子。從事創造的個體仰賴母性創造原則的滋養力量，在創作時體驗到自己像「孩子」，因其如此，母子關係在摩爾的作品佔據中心位置。

除了《亨利・摩爾的原型世界》，諾伊曼另有一本專題論著，即《丘比德與賽姬：陰性心靈的發展》（1952），德文原標題為*Apuleius: Amor und Psyche, mit einem Kommentar von Erich Neumann: Ein Beitrag zur seelischen Entwicklung des Weiblichen*，英譯*Amor and Psyche: The Psychic Development of the Feminine, a Commentary on the Tale by Apuleius*，直譯「根據阿普列烏斯的故事論女性的心靈發展」，仍然是女性的深層心理，也就是陰性心靈。心靈即是深層心理，探討的是無意識領域的心理現象與本質。由於諾伊曼探討的不是「女人」，甚至不只是「女性」，而是具有原型意義的「陰性」，是同時適用於男女兩性甚至第三性的心靈演化歷程，因此有必要把生理性別的男女和原型意義的陰陽加以區別。

原型陰陽的觀念是榮格的新猶，可是諾伊曼把原型理論成功應用在深層心理，包括個體與文化兩個領域的深層心理，使得分析心理學如虎添翼。他先天下之憂而憂，看出西方文明因執著於父權的片面

價值觀而面臨左支右絀，提出「文化治療」的觀念以期撥亂反正，希望能夠在陰性和創造力之間架起溝通的橋樑（參見拙作《陰性追尋》5.8〈愛心寶殿〉）。他在〈月亮與母系意識〉文中語重心長指出中文的「明」是結合「日」（＝陽＝意識）和「月」（＝陰＝無意識）而獲致啟蒙：男人和女人一樣，唯有結合光明與黑暗、意識與無意識、父系意識與母系意識等種種對立面才可能臻於完整，因互補圓滿而產生自己特有的善果。諾伊曼所闡究的女性深層心理（＝陰性心靈）成長的過程，從無意識經意識萌芽到陰陽結合成為獨立的自我，和我在《陰性追尋》書中所闡述的追尋之道，道雖不同卻可以相與為謀彼此印證，至少陰性追尋的善果是受惠於諾伊曼評述賽姬故事的啟迪。在介紹《丘比德與賽姬》之前，概述諾伊曼對於深層心理學的建樹可以事先澄清可能形成閱讀門檻的一些基本觀念。

諾伊曼對於深層心理學的建樹

　　諾伊曼的原型理論師承榮格的分析心理學，榮格的分析心理學又是師承佛洛伊德的精神分析，因此免不了要話說從頭。佛洛伊德的精神分析奠定了心理學在現代主義的橋頭堡，他對夢的解析為無意識理論提供厚實的基礎，使得我們擁有觀察個體心理的「內視鏡」，人類對於人性的理解從此徹底改觀。佛洛伊德的許多論點有賴於他的弟子榮格加以證實。榮格後來另創分析心理學，把「夢解析」的觸角伸向神話、宗教、民俗、煉金術等領域，有系統地探究意識更深一層的結構，藉集體無意識和原型等觀念闡明人類心理（而不只是佛洛伊德所

關注的個體心理）所體現的共通性。諾伊曼又把榮格的觸角延伸到意識演化的起源並考掘其演化的過程，進而在心靈結構與社會結構之間搭起緊密的連結。打個比方，佛洛伊德發現個體心理的新大陸，榮格發現集體心理的新大陸，諾伊曼為那兩個世界找到溝通的管道。這一來，分析心理學的價值不再侷限於臨床醫學用來治療病患，而是擴大到常態人生藉以豐富生命、促進人倫的倫理功能。

　　諾伊曼自己如何看待前文所述的承傳關係呢？他把佛洛伊德比喻為率領同胞擺脫奴隸狀態的摩西，為世人開創一條康莊大道，免於古老的父親形象持續壓迫。可是佛洛伊德太晚看出在「天父」（以父親為神，或神化身為父親的形象）之前已有「地母」，沒能發現母親在個體的發展和人類的天命所扮演的關鍵角色。在他看來，榮格取自煉金術、神祕學和《易經》的精神隱喻所建構的知識體系更豐富也更有彈性。他在1955年發表一篇向榮格致敬的文章，認定榮格的成就超越佛洛伊德：榮格使我們看到人類元始的心靈世界、神話的世界、原始人以及宗教與藝術五花八門的世界，在那樣的世界明顯可見人受制於維持並滋養所有創造性發展的超個人勢力，人的心靈因此有機會以沛然莫之能禦的創造力頂天立地。諾伊曼意在言外指出，從事心理治療的佛洛伊德過度專注於社會適應，而且使他的病患陷在個人經驗的泥淖而難以脫困。

　　生命始於元始陰性（後來神格化而成為大母神）的創生之德，這是基本事實；人或人類包括男男女女，這是另一個基本事實。父權意識形態是佛洛伊德思想體系深受有識之士詬病的一個重點。他在這方面的視野，撇開個人因素不談，無疑和十九世紀末類型有限的樣本脫

離不了關係。雖然佛洛伊德繪製的心靈地圖不至於因為他的性別理論
而受損，視野的死角太多卻是不爭的事實。在這方面，榮格比佛洛伊
德幸運許多。師承榮格的心理分析學家當中，具備論述能力的女性不
在少數，她們互相影響之餘，對榮格的理論有多方充實之功。諾伊
曼雖然是男性，也屬於那一個世代，而且自成體系是同儕中最耀眼的
一位。

　　精神分析理論的封閉性格導致佛洛伊德和榮格分道揚鑣，分析心
理學的開放性格導致榮格的理論不斷壯大，其間的差別就反映在這兩
位大師對於夢的本質及其作用有不同的理解。佛洛伊德透過夢與神話
的關連發現無意識領域，因此開發出深層心理學這個新的研究取向，
旨在探討個體內在的意識歷程及其與更深一層的無意識之間的關係，
相信無意識歷程是個體心理失常的主要原因。可是他把夢封閉在個人
經驗的層次，而且過度強調和性有關的經驗，那些經驗因無法通過意
識的審查作用而壓抑在介於意識於無意識之間的潛意識，於是瞭解並
適度舒解受壓抑的意識被認為是心理治療的主要方法。榮格卻主張人
類有共同的夢，神話就是人類集體的夢。神話長期沉澱在意識最底層
的無意識，一方面反映集體的心理，另一方面象徵普遍的經驗，凡此
經驗以意象的形態出現，此即原型。他率先發現集體無意識的種種原
型表現於神話母題之中，而這些神話母題以相同或類似的方式出現於
跨時代與跨文化領域，甚至出現在現代人的無意識。他視夢為天性的
一部分，並賴以勾勒他的心靈結構圖，因而發現治療之道不在於釋放
被壓抑在潛意識的記憶，而是藉內心的體驗整合精神領域的失調狀
態，獲致完整的自體（釋義見注61）。

　　榮格所描繪的心靈結構中，最具劃時代意義者或許是阿尼瑪和阿尼姆斯（釋義見注71和158）的概念。他在這方面的洞見無異於宣告性別新時代的來臨：生理性別只是表相，和人格特質、心理取向與性別認同沒有必然的關聯。諾伊曼把這個心理洞識和巴霍芬對於社會制度演化史的洞見結合起來，針對意識的起源與歷史的提出一套有系統的見解，使德榮格的心靈結構圖具有歷史的意義和文化的縱深。

　　先說榮格對於性別議題的心理洞見。他看出個體人格同時具備陰與陽兩個面向，認為人的潛意識有朝異性特質人格化的傾向。一個男人潛意識中的陰性面即是他個人心靈結構中的阿尼瑪，一個女人潛意識中的陽性形象則是她個人心靈結構中的阿尼姆斯。用必較淺顯的示例措詞來說，一個男人的阿尼瑪人格化之後就成了他的夢中情人，一個女人的阿尼姆斯人格化之後則是她的白馬王子。此一「男中有陰，女中有陽」的陰陽同體心理現象反映了生物界的基本事實：性別並非涇渭分明，而是佔有優勢的性基因成為決定性別的關鍵因素。

　　常見有人把男性和女性視為陽性和陰性的同義詞，這樣大而化之的作法在心理學和人際關係同樣不可取。只就一事而論，「男女」的同義詞不是「陽陰」，而是「雄雌」。生物依其生理特徵有性別之分，此一區分在人類特以「男女」取代「雄雌」，箇中道理一如我們把「人類」從動物界分離而出，以「異己」區隔人類以外的動物。有別於以生理觀點區分出「男」與「女」各自的性徵，我們從心理觀點也分辨出「陽」與「陰」各自的「性徵」，這在現實經驗和科學研究都有實證的基礎（參見拙作《陰性追尋》3.2〈「陰中有陽，陽中有陰」的心靈結構〉和頁3-4）。諾伊曼把這個差異追蹤溯源直探文化

史的第一章，即創世神話，賦予原型的意義。就以中文的表達而論，我們講到鴻濛初判，不說「陽陰」卻說「陰陽」，是陰先而陽後，這樣的觀念正是諾伊曼著書立說詳加申辯的一貫之道；所謂「太極生兩儀」，這是已經哲學化的宇宙論，諾伊曼會修正為「太陰生陽」。及至意識勃發之後，自我成長終至於獨立自主，「男女」之分終於取代「陰陽」之別：個體心理的自我成長就對應於人類心靈史的英雄神話階段——就是在那個階段發生我所謂的「男權大革命」（見《陰性追尋》3.7〈男權大革命〉）。即便如此，不論社會如何演化，每一個男人的心靈結構中都有其陰性成分，就如同每一個女人的心靈結構中都有其陽性成分。分析心理學並不否認陰性成分在女性心理佔有較強的支配地位，也不否認陽性成分在男性心理佔有較強的支配地位，可就是這兩個「不否認」明白透露「男女」之性不應當與具備原型意義的「陰陽」之性混為一談。

　　至於巴霍芬對於社會制度演化史的洞見，簡單地說就是他發現在採行父系制度以前的史前時代有過母系社會：歐洲社會原本行雜婚制，以阿芙羅狄特（見注3）為主信仰，無所節制的性活動不涉及階級或道德立場，無從確定父系血緣，由於只有母系能確認親子關係，母親因享有崇高的地位而掌握統治權；接著農業發展促成文明的興起，進入以地母為主要信仰的階段，希臘神話中的女獵神與女戰士即是此一階段殘留的記憶；最後出現父系單偶婚制，父權當道，如宙斯成為天尊、伊底帕斯殺死人面獅身獸等英雄斬妖除魔故事所反映的現象，從此女人「出嫁從夫」（引《陰性追尋》頁25）。諾伊曼引用巴霍芬的創見，但每一次引用都小心翼翼附加但書，說明巴霍芬的見解

必定要「從心理學而非社會學的意義」加以理解，強調母系階段「指的是結構層，不是歷史時代」。他在《大母神》頁91寫道：

> 我們追蹤的心理發展——此一發展不因國族與文化而不同——始於母系階段，當時是由大母神主宰一切而無意識主導個體與團體的心靈過程。與大母神的原型相關的心靈世界，或者說在更普遍的意義上與陰性相關的心靈世界，是我們探討的對象。至於這個原型陰性世界的優勢是否涉及婦女對於經濟或政治的支配，根本無關緊要。

說得沒錯。雖然我相信諾伊曼受限於時代背景而曲解巴霍芬的史觀，因為越來越多的證據顯示母系制度是史前的事實，但是他以巴霍芬的前歷史社會為心靈演化歷程初始階段的模型確可觀之處，引他在《意識的起源與歷史》頁90的說法：「個體從容納在無意識中到發展出意識這一個常規發展的過程，類似人類的集體發展」。

　　諾伊曼建構出來的心靈演化史，如前文介紹《意識的起源與歷史》所述，是藉由創世、英雄與變形三個神話階段闡明意識演化史，此處稍加補充以說明諾伊曼見解的可觀之處。銜尾環蛇足以象徵創世神話，因為圓圈自古象徵永恆，蛇自古為生命力的象徵，銜尾環蛇以「結束即開始」隱喻封閉卻生生不息的輪轉世界，有如自體（self）與意識尚未分化時，世界與心靈仍為一體，圓圈適足以表明其為一圓滿狀態。神話學上的「圓」也是子宮，為生命的孕育提供舒適的庇護所，大母神信仰以其創生原則成為這個初發階段的主要特徵。隨著生

命趨於成熟，意識萌芽。由於光的出現，天地分離。光即是意識，即是知識。求知取代本能的驅力成為發展的動力，因而出現種種禁忌取代衝動，禁忌則反過來強化意識。透過意志產生行動以及經由求知帶來知識的意識中心即是自我（ego）。從團體分離而出，進而完成個體化的歷程，圓滿實現團體意志的個體代表即是英雄：英雄神話無非是自我奮戰無意識／元始陰性／母系團體並成功掙脫其勢力掌控的事蹟。最後，神話英雄的歷險榮歸可比擬於夢遊者清醒之後恢復意識重見光明的過程，此一意識的發展與覺醒是每一個人都可能經驗到，雖然在中途遭遇挫折因而停滯甚或退化的情形所在多有。然而，成功者必有的經歷是自我蛻變，也就是征服自我的陰暗面，人格發展臻於成熟（詳見拙作《陰性追尋》第二章〈太陽英雄的原型〉）。

英雄的經歷彰顯人格發展的三個階段。首先是外傾性格，調適自我以因應外在的世界。其次是內傾性格，調適自我以因應心靈和原型的世界。最後是中和性格（釋義詳見注142），在心靈之內實現個體化。內傾和外傾這兩種性格是榮格率先拈出，中和性格的概念則是諾伊曼對深層心理學的一大貢獻。雖然榮格也主張以創造完整的人格為終極目標，可是諾伊曼賦予名實，並且具體指出可行之道，使得人格的完整不至於淪為抽象的觀念。按諾伊曼本人的說法，中和性格是生而為人先天的傾向，人有能力統合種種差異，藉以創造一個統一而完整的人格，近年來認知心理學的研究的確證實這樣的傾向。

諾伊曼如果有機會讀到坎伯的《千面英雄》，他的個體人格發展模型或許會描述得更詳實，但這無損於理論的價值。坎伯告訴我們，要確認英雄的美名必需斬妖除魔、入冥、營救受困的公主、奪得寶物

與迎娶獲得自由的公主；諾伊曼告訴我們，人格臻於圓滿的過程中必然要斬除內心的恐懼或破除心理陰影，深入「黑暗心地」以拓展心靈的領域，獲致心靈的自由，在最高級的變形甚至促成世界重獲生機，最後和阿尼瑪圓滿結合。神話英雄無不是獨當一面，主控自己的陰陽兩面進而造就完整的人格，因而「成人」。經過這樣的一番自我蛻變，英雄－男人不但實現自我，也見證人性中的神性。神話英雄都是神的兒子，即希臘人所稱的「半神」，或《舊約》說的「神子」，諾伊曼堅信神性是人性的一部分，畢竟神是人按照自己的形象創造出來的。

　　使用「英雄－男人」這樣的措詞是因為在前文的介紹中，「英雄」和「男人」（男人＝男子漢＝英雄）根本是一體的兩面。英雄神話是父系社會的產物，而父系社會的男人就是「人」，或者反過來說，父系觀點的「人」就是男人，正如英文man這個字所表達的。至於女人，只不過是「女人」，不是「人」，至少不是「完整的人」。這樣的偏見當然經不起心理學家的檢驗，在深層心理學的「內視鏡」檢視之下更是醜態百出。不幸的是，一部人類的歷史就是父系觀點建構的結果，是「他的故事」（his-story）。就是由於傳統英雄觀在這方面的盲點，我才有機會寫出《陰性追尋》這樣一部西洋古典神話專論（見該書頁105-7）。反觀諾伊曼，他的人格發展模型的蛻變神話階段洋溢女性主義的意涵：人格成熟的女性也會發現自己真實的自我與心聲。

古典神話舞台的美女與野獸

　　我們已經了解到諾伊曼從榮格拈出的母親原型擴充成一套理論，他的銜尾環蛇模型還進一步透露母性無意識對於孩子的自我與意識深遠的影響就反映在母親與孩子的聯結關係，甚至因此建構出個體心理的發展模式。基於這樣的認知，我們可以合理預期，諾伊曼將會在榮格學說與學院派女性主義的結合扮演臨門一腳的功效。以他對女性心理的關注，丘比德與賽姬的故事會吸引他進行專題研究實不意外；以他對原型理論的掌握，他從賽姬的「心路」歷程看出陰性心靈發展的過程可說是意料中事。這兩個因素結合在一起，激盪出神話學從古典語文學分離而出成為獨立的一門學科（見《陰性追尋》頁13-23）以後最令人激賞的專論之一。

　　回顧這一個世紀的歷史，可以看到兩則神話故事拔地而起，成為專題研究醒目的地標。先是佛洛伊德在《夢的解析》引索福克里斯的悲劇《伊底帕斯王》為「願望的達成」典型的夢，引發伊底帕斯神話的研究熱潮。到了二十世紀下半葉，丘比德與賽姬的故事異軍突起成為新寵，諾伊曼取其為探討女性心理的專題研究對象，從人間女子和天界母神爭奪丈夫／兒子的過程揭露神話的無意識背景和心靈世界使人目不暇給的洞識，把容格式的分析推到極致，迫使後繼者不得不進行典範轉移，改從小說的背景著手探討神話故事的意義──關於這一段歷史，詳見我在《陰性追尋》頁220-31的介紹。

　　特別吸引諾伊曼的這一則神話故事，「身世」離奇堪稱絕無僅

有。神話故事由於流傳廣遠又沒有作者，版本眾多是通例，〈丘比德
與賽姬〉卻是以「孤本」姿態出現在一部小說中。我們確知那一部小
說是單一作者的創作，可是說到其中穿插的神話故事是否為作者虛
構，或是到底包含多少作者個人虛構的成分，我們幾乎沒有說話的餘
地。有人懷疑應該有更古老的版本，可是目前所知並無任何文獻提供
蛛絲馬跡。

　　這部小說的作者是二世紀時的羅馬作家魯基烏斯・阿普列烏斯，
他生逢《羅馬帝國衰亡史》作者吉朋筆下世界史上最幸福的時期。可
也是在那個時期，源自埃及的伊希絲信仰席捲地中海北岸，一場蓬勃
的宗教運動帶出法術的風潮。我們今天還讀得到阿普列烏斯題為《答
辯辭》（*Apologia*）的一本書，顯然是模仿柏拉圖的《蘇格拉底答辯
辭》（中譯錄於我輯譯的《蘇格拉底之死：柏拉圖作品選譯》），稱
得上嘔心瀝血的煥發文采也毫不遜色，書中鏗鏘有力駁斥指控他施行
法術的原告。

　　控訴之事真真假假後人難詳實情。不過，有件事假不了：阿普
列烏斯另有一部著作，因襲奧維德《變形記》的標題，寫出匪夷所思
的驢子歷險記，書中的第一人稱敘述者就叫做魯基烏斯，「湊巧」和
作者阿普列烏斯同名。這是唯一完整流傳至今的羅馬小說。稱其為小
說，意指內容是虛構。可是，按上古作家創作的不成文習慣，採用第
一人稱的敘述無非是為強調親身的經驗，雖然這個「強調」明顯是障
眼筆法。不管怎麼說，魯基烏斯「的確」是出於好奇施行法術，打破
了禁忌，陰差陽錯把自己變成驢子，從此在「世界史上最幸福的時
期」輾轉流落人間煉獄，人類心目中陽光明媚的世界淪為驢子眼前烏

煙瘴氣鋪天蓋地的幽冥道，道上物慾橫流兼淫慾飛揚，豈是情何以堪
一詞了得。

　　魯基烏斯的外觀變形成為驢子，自我並沒有改變，而且本性如
一，這是神話世界的變形原則。「牠」仍然具備生而為人的意識、知
覺與情感，偏偏大家都當他是驢子。既然當他是驢子，三教九流的
人等在牠的面前百無禁忌，無話不可以放心地說，無事不可以放心
地做。因其如此，形形色色的人形獸性與獸行赤裸裸攤在牠的眼前。
牠自己被賣被偷已經不成其為人了，更悽慘的是，驢子的那話兒尺寸
特大，是色慾的象徵，唯錢是圖的生意「人」竟然要「牠」表演活春
宮，又有好色女看上他的「長」處，硬要以他為肉蒲團從中插花。就
在這千鈞一髮的時候，他逮到逃命的機會，然後在伊希絲指引下變回
人形。

　　這樣的一部小說，至遲從奧古斯丁以後有了醒人耳目的新標題
「金驢記」。驢子當然是指備受淫風慾性摧殘的主角，冠上「金」字
則表明珍貴之意。珍貴之處在於魯基烏斯憑其誠篤之心感動伊希絲，
終於在體驗陰性奧秘的一場秘儀（釋義見注45，詳情參見拙作《陰性
追尋》4.7〈大秘儀〉）蒙受慈恩，完成自我蛻變。

　　信仰誠可貴，愛情價亦高。就在魯基烏斯以驢子之身浪遊人世的
途中，他聽到某老婦人講賽姬的故事安慰一名待嫁姑娘。這姑娘在婚
禮前夕遭盜匪劫持，被窩藏在匪巢山洞，與具備人性的驢子和負責做
飯的老婦共聚一堂，等候家人前來付贖金。多虧魯基烏斯旁聽，我們
才有幸知道這個故事。《金驢記》風行兩個千禧年，書中丘比德與賽
姬的插曲因緣際會成為神話世界難得一見的「定本」，只此一家別無

分號。看多了男神橫行霸道與英雄出生入死的神話生態，有情男女讀到〈丘比德與賽姬〉必然眼睛為之一亮，畢竟那是古典文學最醒目的插曲兼古典神話最迷人的故事。

有情男女當然不限於二十一世紀的台灣。論者早就注意到丘比德與賽姬的故事不只是故事而已。概括地說，解讀〈丘比德與賽姬〉不外兩種觀點，一個是以寓言的角度看待，另一個則視其為童話。先說寓言觀點。

寓言指的是有弦外之音的故事，那「弦外之音」通常是宗教、道德或政治方面的寓意。這個傳統可追溯到擬人格的寄意。只就故事中以羅馬神話的丘比德取代希臘神話的愛樂這件事來說，筆者在《情慾幽林》引論述其來龍去脈，提出這樣的一個等式：

Cupid+Amor=Eros

這個等式可以採語音和語意翻譯如下：

丘比德＋阿摩＝愛樂
慾＋愛＝情慾

換句話說，希臘神話中的愛樂在羅馬神話有丘比德和阿摩兩個分身（依次是英語世界和歐洲大陸習慣的稱呼），而這兩個分身其實是把拉丁文的「色慾」（cupido）和「愛戀」（amor）擬人化之後，稱其為神。「愛樂」也是擬人格，而且神性恰如其中文譯名。為希臘神話

編訂「神譜」始於公元前七世紀的詩人赫西俄德，他在《神統記》講到開天闢地的神話，即是視愛樂為具創生之大德的宇宙原則，說他揭開兩性生殖的序幕。此一微言大義也為柏拉圖在哲學對話錄《會飲篇》和《斐德羅》論愛的本質提供哲理基礎。

「愛樂」原本就具備託寓的性格，到了公元前五世紀更是徹底寓言化。愛樂寓言化的過程幾乎與賽姬同步演化。悲劇詩人尤瑞皮底斯寫下關鍵的一筆，他的《伊斐貞在奧利斯》548-9賦給愛樂持弓揹箭的造形。也是在公元前五世紀，希臘人開始以蝴蝶象徵靈魂。約當同時或稍後，希臘神話出現了把靈魂擬人化的「賽姬」。接著在下一個世紀，就是柏拉圖書寫一系列哲學對話錄的時代，伊斯坦堡的藝術家已將愛樂和賽姬結合配對。亞歷山大大帝於公元前323年去世，歷史進入希臘化時期，文化史開始出現愛樂折磨賽姬的母題，如男孩玩弄蝴蝶，不然就是女孩受傷或鐵鍊加身（Grant 367; Avery 941）。在羅馬共和末年或帝國肇建之初，我們可以看到這樣一件愛樂折騰賽姬的視覺藝術作品：小亞細亞古王都佩格蒙（Pergamum）出土的一件玉雕箭弩石膏拓印像，賽姬以蝴蝶的造形呈現，被綁在發射器的前端當箭靶，丘比德正在點火，即將一箭穿心（*Cupido Gem*, Tommaso Cades Collection）。

到了這樣的地步，愛情的寓言已呼之欲出。從這個傳統（參見拙作《陰性追尋》5.5〈羅馬作家對希臘神話的創意貢獻〉）來看，丘比德與賽姬的故事無非是描述靈魂經過一場險象環生的肉慾歷險，終於獲得安寧——正是阿普列烏斯寫《金驢記》寄意所在。揆諸事實，靈魂追尋真愛而終獲救贖正是解讀〈丘比德與賽姬〉的主流觀點：

「賽姬」這個希臘名字影射與「身體」相對並且與之共為人的兩大組成部份，猶言中文稱「身心」的「心」，她追尋的對象，不論稱為「愛樂」或「丘比德」，都是離開身體就喪失存在的意義。

有必要打岔附帶說明的是，相對於「身體」的物理與生理面，"psyche"在現代用法可以有心靈與心理二義，可是兩者指涉的意涵明顯不同。遺憾的是，李以洪翻譯的《大母神：原型分析》（北京：東方出版社，1998）把psyche當作psychology的同義詞，其實他所根據的英譯本譯者Ralph Manheim在翻譯諾伊曼的著作時，「心靈」（psyche，德文Entwicklung）和「心理」（psychology，德文Psychologie）是有區別的。由於諸如此類的誤譯，我引用《大母神》無法乘便利用既有的中譯本，該譯本因此沒有列入引用書目。另一個類似的例子是榮格的《榮格自傳：回憶・夢・省思》的中譯本，中文譯者明顯把unconscious（無意識）和subconscious（潛意識）混為一談，卻沒有因該書有專家審閱而得以改正，參見注71的說明。

言歸正傳。童話是十八世紀歐洲知識份子新開發的人文領域，雖然不像寓言那樣源遠流長，卻大有功於拓展讀者的視野。〈丘比德與賽姬〉破題的第一句「有個城市的國王和王后」就是童話的註冊商標。其他顯而易見的童話成分包括：兩個壞心的姊姊，最得寵的小妹嫁給隱形的蛇郎君，因好奇而打破禁忌，媳婦受到婆婆的虐待。一如神話，童話也是研究集體無意識的寶藏，也在後佛洛伊德時代大放異彩。

奧地利裔美籍學者布魯諾・貝托罕（Bruno Bettleheim）的《童話的魅力》是研究兒童文學的經典著作，尤其是在童話領域，書中論

及〈丘比德與賽姬〉的部分（頁291-5）即是以童話觀點解讀賽姬神話的代表作。他秉持佛洛伊德分析法，主張〈丘比德與賽姬〉涉及成熟意識的發展、性慾的昇華以及性焦慮心理的解決。在他看來，賽姬持燈照愛樂這個打破禁忌之舉是她搶先拓展意識的行為。貝托罕特別強調意識發展所涉及的危險。賽姬數度面臨不可能的任務，一再興起自殺的念頭，這是以象徵的手法表達心理發展過程中司空見慣的抑鬱（depression）。由於心理發展的一大關鍵在於成功整合性慾和意識最高尚的抱負，精神上的重生遂為不可或缺。愛樂和賽姬所遭遇的波折即是象徵整合過程所涉及的困境，而賽姬的入冥之旅則是隱喻重生之前必須經歷的死亡。

童話故事常見丈夫是動物這樣的主題，即諾伊曼所謂的「野物丈夫」（beast-husband），〈丘比德與賽姬〉並不例外，丘比德就是歐洲版的蛇郎君，他的婚姻傳奇就是神話版的《美女與野獸》。貝托罕認為，動物丈夫的故事使女孩子明白對於性的恐懼是普遍的經驗，別人灌輸給她的性焦慮其實沒有根據。按他的分析，神諭所預言賽姬的婚姻是以視覺意象表達少女的性焦慮，一場宛若送終的婚禮意味著少女之死，婚後意圖殺夫無非是把年輕女子失貞後強烈的負面感受具象化。故事的發展證實性具備潛在的美感。總結貝托喊的分析，賽姬主要是象徵自我，特別是已發展的、意識方面的自我。

性焦慮的產生與克服是佛洛伊德學說的一個重點。貝托罕步蹕前塵卻另出機杼，強調社會對於兒童產生性焦慮所扮演的角色，以及動物丈夫這個故事類型對於消除焦慮所能發揮的無意識作用。賽姬後來發覺妖怪原來是天神，這有助於克服先前的焦慮，使人相信原我

（id）不但不是邪門魔道，甚至能夠在被自我接納之後帶來善果並擴大意識。不過，一如佛洛伊德學派的其他詮釋者，貝托罕忽視了阿普列烏畫龍點睛的一筆：賽姬在天界生下名為「歡樂」的神子。

「歡樂」的象徵意義有待諾伊曼加以補充。諾伊曼為賽姬神話著書立說當然不是為了「有所補充」，而且他的解讀大開我們的眼界之處與其說是在於故事的社會功能，不如說是在於它的託寓性格。然而，他這一補充，透過分析心理學把寓言解讀法發揮到淋漓盡致的地步，也把我們引進女性深層心理的世界，從中可以盡情管窺原型陰性心理的大觀園，意識的奧秘及其演化的軌跡盡在其中。

看諾伊曼導覽陰性心靈大觀園

相對於《大母神》和《意識的起源與歷史》這兩部著作，《丘比德與賽姬：陰性心靈的發展》就像是協奏曲之於交響曲。然而，即使氣勢格局無法相提並論，協奏曲的好處是入門相對容易。可以這麼說：賽姬神話提供一個個案，使諾伊曼得以驗證他在《大母神》和《意識的起源與歷史》書中建構的理論。以下介紹諾伊曼的疏義，除了引用美術和文學作品以及涉及神話英雄的歷險相關的部分之外，大體上是濃縮戈尼克（James Gollnick）所撰《愛情與靈魂：丘比德與賽姬神話的心理學詮釋》第一章的摘要，那是一篇相當精簧的導論。引用美術作品都提供完整的品項資料，為的是方便讀者上網搜尋。

前文介紹《意識的起源與歷史》提到，銜尾環蛇的狀態就表現在創世神話，尤其是大母神的神話。在諾伊曼看來，阿芙羅狄特（羅

馬神話稱維納斯）是代表大母神的神話要角之一，她本身就是集體無
意識，是自然界以生育為本的「引誘慣性」（seductive inertia）的化
身。所謂「引誘慣性」，說白一點就是以引誘異性為習性。身為大母
神，阿芙羅狄特主管生育／繁殖／豐饒之大事，她的天職無非是確保
物種繁殖生生不息，如馬德里普拉多博物館所藏提香（Titian）《維
納斯接受崇拜》（*The Worship of Venus*, 1518）所呈現的主題，物種
的承傳只問性慾而不問性愛，性事唯慾馬首是瞻，愛不愛不是重點。
就兩性關係而論，賽姬神話在諾伊曼解讀之下可以說一則心理寓言，
具體而微呈現「性慾」昇華為「性愛」的過程。換個角度，從心理演
化的觀點來看，諾伊曼讓我們見識到賽姬如何體現人的心靈從無意識
演化出意識的過程。不論是性愛取代性慾成為兩性關係的理想，或是
意識取代無意識成為生命的原則，新舊交替難免有衝突。賽姬神話正
是以阿芙羅狄特一手引發的衝突揭開序幕。在諾伊曼解讀之下，這一
場女神和女人的戰爭有兩大要義：其一，呈現意識從原本的無意識統
一體分化而出，最後陰陽調合蛻變成新的統一體；其二，呈現人類歷
史值得大書特書的一步，女人從此得要為自己做的決定負起責任，她
們的經驗不再只是受制於眾神獨斷獨行的意志或種種超個人的勢力。

　　諾伊曼的詮釋從一開始就展現結合個體經驗與人類歷史的眼界。
他稱賽姬嫁給蛇郎君為「死亡婚姻」，說那是母系心理的神話遺跡。
從女人的觀點來看，每一場婚姻都是處女遇劫，在儀式中把少女獻給
妖魔正是陰性秘儀（釋義見注45）的核心。此一觀點源自母女同命一
體的元始關係。男人以婚姻的名義向女人求歡，這對待嫁娘的母親而
言是痛苦的經驗，因為母女面臨被拆散的命運。

　　至於賽姬的兩個姊姊，諾伊曼認為她們是賽姬的陰影，代表她憎恨男人的母系心理層。她們在故事中雖然窮凶惡極惹人嫌，可是在諾伊曼看來，她們逼使賽姬對愛樂攤牌，促成賽姬踏上人格成長的不歸路功不可沒。她們反對賽姬在丈夫面前百依百順的態度，因為這在她們看來無異於慘遭妖怪吞噬，因此她們不只是代表母系，更是促使賽姬發展意識的推手，雖然她們本身不足以代表較高尚的意識。諾伊曼進一步的分析顯示，這兩個姊姊的出現印證了他在《意識的起源與歷史》所拈出心理原則，可比美於榮格的阿尼瑪－阿尼姆斯洞識：意識具有陽剛性格，即使在女人也一樣，正如同即使在男人，無意識也具備陰柔性格。

　　準此，賽姬的發展其實就是朝陽性發展的過程，而陽性也就是意識，意識就是光，是知識。不過這都是後來的事。在這之前，在賽姬慘遭蛇郎君劫持失身之後和跨出心靈發展的不歸路之前，她和愛樂畢竟有過一段蜜月期。蜜月當然快樂，那種快樂卻只是肉體交歡，是無明世界之歡，因為她只能在伸手不見五指的黑夜時分被動接受愛樂的付出或需索，不管他付出或需索的是什麼。愛樂甚至不許賽姬過問他的身分，也就是不許她好奇求知，說穿了就是要她永遠處於蒙昧無知。她的處境根本就是無明愛樂園（the dark paradise of Eros），而那樣的存在無異於英雄遭陸魔海妖吞沒的變奏。按諾伊曼的解析，愛樂提供的無明樂園其實就是無意識狀態，他的誡令則是延續賽姬原本與大母神合為一體的無意識情境。英國畫家司溫內屯（Annie Louise Swynnerton）的《丘比德與賽姬》（*Cupid and Psyche*, 1891, Oldham Art Gallery and Museum,UK）把賽姬畫成被禁錮的靈魂：暗夜的氣氛

中，沉睡的女主角擺出排斥的手勢，卻被困在紫色翅膀的包圍中，男主角的親吻其實是自我陶醉。更廣為人知的是羅浮宮所藏法國畫家惹哈（François-Pascal-Simon Gérard）的《賽姬與丘比德》（*Psyche et l'Amour*, 1798）賽姬接受初吻，似乎感覺到愛樂的擁抱，卻神情茫然，因為處境蒙昧而無緣認識他的真面目，仍然「無知」。

這時候的愛樂腳踏兩條船。他原本是奉阿芙羅狄特之命去懲罰賽姬。賽姬該罰，因為她的美貌在人間激起新的審美觀，引發身體美學的典範轉移，直接衝撞大母神身兼性愛美神的「引誘慣性」：美神之美是以承傳物種為的目標，引誘挑逗雙管齊下，如德勒斯登美術館所藏喬爾喬涅（Giorgione）的《維納斯沉沉入睡》（*Sleeping Venus*, 約1508）以主題人物伸出左手擱在重點部位暗示美神之美是達成目的的手段。美人之美卻只是吸引世人靜心遠觀欣賞，毫無「實際利益」可言，甚至害得主管萬物豐饒的阿芙羅狄特祭禮荒廢而神廟傾頹（參見拙作《陰性追尋》5.6〈身體美感大變革〉）。她責成兒子愛樂設法讓賽姬愛上「野物」，萬萬沒想到這個媽寶甘為那樣的「野物」。腳踏兩條船的愛樂，白天是天界美神的「愛子」，夜晚是人間美女的「野獸」。

沉醉在蜜月氣氛中的賽姬被束縛在無明歡樂中，用諾伊曼的措詞來說，她是銜尾環蛇無意識樂園的愛樂俘獲。可是兩個姊姊的介入引出了賽姬深層心理的陽剛面，意識在心靈的地平面冒出頭，開始滲透進而迷漫愛樂園的無意識。這是意識和無意識的第一類接觸，或可借用榮格的術語稱之為「無意識內容的混合」（contamination of unconscious contents），類似我們可以在夢中經驗到的種種意象的置

換與重疊。她打破禁令，看到愛樂暴露在燈光之下，原先的無意識束縛開始融解。賽姬持燈舉刀的行為帶出了一場天翻地覆的大變局。光劃破無邊的黑暗，照亮眼前的真相，賽姬這才愛上愛樂。可是光明也迫使賽姬和愛樂脫離她們一度耽溺其中的銜尾環蛇無意識樂園。賽姬因此獲得的知識（認識蛇郎君／野獸丈夫的真面目）正是她日後跟愛樂建立有意識的關係所不可或缺。意識和無意識的第一類接觸是促成愛樂與賽姬進入第二類接觸的契機。

猶如認識交往的對象是發展人際關係的前提，賽姬在認識愛樂的瞬間跨入了生命歷程的新階段。除了個人的發展，諾伊曼看出這一番遭遇另有深刻的心理意涵：無意識束縛的融解意味著引誘異性承傳物種的生育原則讓位給人際接觸的愛情原則（love principle of personal encounter）。所謂「個人的發展」，這裡指的是賽姬現在開始經驗的個體化（individuation）。按諾伊曼的詮釋，賽姬神話所展現的心理洞見非只一端，個體化與接觸生情（love as encounter）這兩者的緊密關連是其一。陽性與陰性的接觸是個體化的基礎，這正是賽姬所體現的愛情原則。個體化的完成則有賴於意識與無意識的接觸，其過程就表現在異性象徵的混合：男性因為與自己的阿尼瑪（即人格化的無意識）經歷遭遇戰而獲致個體化，一如女性遭遇其以男性形象現身的無意識而獲致個體化。此一過程雖然發生在心靈內部，卻經常受到在現實世界與異性的接觸所影響。就此而論，以愛為基礎的異性接觸通常是人格的發展與整合的催化劑。

賽姬在心靈發展過程的第二個階段體驗到英雄神話完整的歷程，也就是坎伯（Joseph Campbell）《千面英雄》一書闡述的主題（參

見《陰性追尋》2.1〈神話英雄與英雄人生〉）。英雄接受召喚，深入可類比為無意識的蠻荒之地從事心靈的歷險，環生的險象無不是以具體的敘事呈現。這一位「千面英雄」是眾英雄的集體人格，又稱太陽英雄，因為日出巡天繼之以日落經歷「夜海旅航」（night sea journey，釋義見注130）以備日出的太陽神話即是英雄歷險的原型，如埃及《度亡經》（*Book of the Dead*）所描繪天母（Nut，身為眾神之母的天空女神）夜夜吞食太陽，破曉又將之出生於世間所體現「陽性的太陽精神在夜幕低垂時返回陰性的深處」的微言大義。在夜海旅航途中，英雄被陸妖海怪吞沒，一時不見天日，卻在斬妖除怪之後，解救被囚禁的公主，獲取足以推動歷史進程的寶物靈丹，回到他所從出的世界。諾伊曼剖析賽姬神話的重頭戲就是披露賽姬一步一腳印走過一趟英雄之旅。

賽姬這人中豪傑不是「英雄」，而是如假包換的「英雌」，她的一切事蹟都是源自她挺身反抗野獸丈夫的誡令。她抗命不只是導致愛樂離她而去，更嚴重的後果是她和美神的衝突搬上了檯面。就是在這節骨眼，諾伊曼指出，賽姬這位英雌展現她有別於眾英雄的情操：英雄充分發揚「順我者昌，逆我者亡」的陽剛原則，賽姬卻充分體現「耐心等待，善加包容」的陰柔特質。她的所作所為因此一變而為追尋真愛的豪情壯舉。借用我在《陰性追尋》的措詞，英雄的追尋偉業總是向外拓展生命的長度與廣度，賽姬的追尋目標卻是發揮軟實力，向內凝聚生命的深度與密度（見5.7〈賽姬的追尋之旅〉）。

有別於愛樂的閃閃躲躲，賽姬的選擇是當面解決問題。由此引發的就是婆媳衝突的母題，阿芙羅狄特交付給賽姬四件苦役。諾伊曼

在這方面的解讀令人嘆為觀止。第一件是要她把混雜成堆的種子加以分類。這一堆種子是陽性雜處的象徵，也是阿芙羅狄特生育原則的表徵，與之相對應的是俗稱的「共妻」（包括兩性關係的雜交和婚姻關係的雜婚）以及以蟒蛇形象現身的愛樂。賽姬得到陰性的土生勢力螞蟻的幫助而完成任務，這表示她的無意識原則本身就具備陽性的分類能力——知識體系的建立始於資訊分類的工作。其次是蒐集羊毛。公羊身上的金毛象徵純陽勢力帶來毀滅的死亡原則，賽姬得到水生蘆葦的幫助，發揮迂迴轉進的陰性智慧，再度達陣。這兩次陰陽交鋒，諾伊曼的詮釋吻合榮格所稱個體化取決於心靈中陽性與陰性兩種成分的統合。接下來，賽姬得到鵰的幫助，成功在水源汲水。水源的水是生命水，不受規範，賽姬卻展現她本身就是陰性容器的特性。助手鵰是屬於天空的勢力，是宙斯的神鳥，是陽性精神的象徵。根據諾伊曼的說法，這三件苦役具體表明女性試圖收納心靈中的陽性面向所面臨的危險。賽姬一一完成任務，進一步體現整合陰陽的個體化特徵，她的意識隨著陽性面的拓展而不斷成長，這個過程在第四件苦役臻於高潮。

　　諾伊曼提醒我們，三件苦差事是神話和童話的常態，賽姬卻有四件。最後這一件苦役是前往陰間向冥后珮塞佛妮索取美容霜。賽姬這一趟入冥是陰陽勢力的大對決，意深旨遠不下於希臘悲劇《奧瑞斯泰亞》的法庭審判。四這個數目象徵完整，美容霜代表美神－冥后二合一的勢力，猶如俗話所說致命的吸引力，入冥之行則表示賽姬得要直接奮戰足以致命的純陰原則——或有必要補充說明，早自兩河流域的伊絮塔就具備愛神、戰神與冥神三位一體的神相。這一次伸出援手的不再是自然物，而是凸出地表的塔，既是陽性的象徵物，又是集體

文化的表徵，再加上前面三次克服負面的陽性原則所積蓄的潛能，賽姬終於履險如夷出陰返陽，從幽冥世界帶回美容聖品（這美容聖品之謎，請見拙作《陰性追尋》頁255-6揭秘）。

冥后擁有美容聖品的微言大義不難從睡美人的故事看出端倪：年華必隨生命老去，唯有長睡不醒的死亡狀態能夠永保青春，那是母系社會所要求的少女孤芳自賞之美。果不其然，眼看成功在望，她禁不起致命的誘惑，把「凡人消受不起神界的美容聖品」這個警告當耳邊風，在向阿芙羅狄特交差之前盜用美容霜，因此陷入沈睡，與死亡無異。幸虧她動機可感成了救命符，愛樂適時挺身搭救。她的動機不是為了傾倒眾生（這是阿芙羅狄特基於生育原則而來的引誘慣性），也不是為了孤芳自賞，而是只為悅己者容，是為了在交差之後跟愛樂團圓可以討他歡心。促成賽姬死裡逃生的愛美心意是美容心理史的一樁盛事，也是愛情世界兩性關係的一座里程碑。

諾伊曼一如榮格，在個人的牽繫（personal relatedness，釋義見注118）這個心理作用看出陰性的質素，因此他認為賽姬的精神發展只有在她以個體之愛的立場和愛樂進行接觸時才可能實現，僅僅經歷四件苦役並不濟事。從神話英雄的觀點來看，賽姬的「英雌」之旅是功虧一簣，她談不上圓滿完成受託的任務。然而，按諾伊曼的詮釋，賽姬敗中取勝，她在最後關頭的失敗正是她贏回心上人的關鍵。賽姬的情場歷險有別於神話英雄的歷險，只就結局來說，盡在於她情願為所愛犧牲奉獻，即使冒著生命的危險。

柔能克剛竟然可以有如此動人心弦的心理意涵！陰（銜尾環蛇無意識）生出陽（意識），卻不至因陽性壯大而喪失本性，於是產生

陰中有陽的女性個體。賽姬的犧牲奉獻不只是救了自己一條命，同時也「拉拔」愛樂，使他擺脫神性成為道地的「人」，就如同我們在格魯茲（Jean-Baptiste Greuze）的油畫《賽姬為愛樂加冕》（*Psyché couronnant l'Amour*, 1785-1790, Palais des Beaux-arts, Lille）所看到的意境，愛樂擺脫神性頑心，由「靈魂」行「弱冠禮」而成人。諾伊曼的詮釋顯然是以他個人對於人格整合（integration）的瞭解為基礎：整合意味著把愛樂和阿芙羅狄特之類的超個人（transpersonal）內容引進自我，在其間建立有意識的關係，而後將那些內容人性化。這個過程改變了無意識本身：在故事的結尾，阿芙羅狄特搖身一變成為出身媳婦而充斥人間的婆婆，人間賽姬卻受封為神，愛樂則是在忍肉身傷痛之苦、受凡胎生離之難以後跟生而為人卻蛻變成神的賽姬永浴愛河。這意味著陰性領域經歷了一番變局。女性的心靈不再受制於以愛神母子聯合為象徵的生育原則，從此有能力引領自己邁向以個人接觸為本的個體之愛。

　　夫妻是團圓了，賽姬神話可還沒結束。阿普列烏斯的神來一筆，讓賽姬生下一個名為「歡樂」的女兒，諾伊曼的詮釋也有了畫龍點睛的機會。這女兒是如假包換的「神子」。按榮格的用法，「神子」就是擬人化的「自我」，是個體化過程的「聖」果。經由諾伊曼的詮釋，我們終於在「歡樂」這個新誕生的自我看到個體臻於化境的情景，亦即十七世紀英國詩人鄧恩（John Donne）在〈封聖〉所歌頌「鷹鴿共一宅」的合體鳳凰（中譯見拙作《情慾花園：西洋中古時代與文藝復興情慾文選》），兩性合宜的中性體，陰陽融合產生「男中有陰，女中有陽」的聖果。

　　由於賽姬在情場上的豪情壯舉，愛樂終於擺脫大母神超個人勢力的掌控，跨進了人間愛情的領域，找到最後的歸宿。有愛至美，故事開頭不共戴天的美神與美女大和解，美人甚至化蝶成為神族一員，果然真愛為靈魂帶來永生。人的心靈經歷一番陰陽融合，終於演化成為卓然獨立的個體，歡樂降臨。賽姬當然是美女，因為她心中有愛；美人之名可不限於賽姬，因為情人眼裡出美女。顯然，歡樂不是賽姬的專利。

　　感天動地的愛情故事不見得非要淒美不可，壯麗也可以是愛情世界恰當的形容詞。諾伊曼對於丘比德與賽姬的故事所做的詮釋，創意與洞識兼備，呈現的心靈世界不是心理內視鏡觀照所得，而是心靈電子顯微鏡觀照所得。尤有進者，他揭露陰性心靈的演化史之餘，也完整交代了兩性關係始於「性慾」、經「性愛」而進境於「愛情」的歷程。本書書名頁為義大利畫家提埃坡羅（Giovanni Battista Tiepolo）所繪《維納斯與時間的寓意》（*An Allegory with Venus and Time*，約1754-8，倫敦國家美術館），背景是互相擁抱的一對神鴿（大母神的神鳥）飛臨美惠三女神（自然之美的神格化）上方，畫面中央是維納斯託付稚子予時間老人，時間老人的前方是小愛神飛翔於地球上空，左手邊閒置收割地上人間的長柄鐮刀，整幅畫以紅顏不朽寄意「永恆的陰性」。深思回甘，驚覺空中迴響歌德《浮士德》結尾的神秘合唱：

　　　　事不可名狀，

　　　　道卻可細察；

　　不朽紅顏，

　　引人超升。

布格羅（Adolphe-William Bouguereau）的油畫《賽姬出神》（*Le ravissement de Psyche*, 1895, 私人收藏）呈現賽姬陷入無明超脫，原文標題刻意以兼有「劫持」與「出神」兩個意思的*ravissement*暗示「不可名狀」之態，諾伊曼卻告訴我們如何「細察其道」。

「陰性心靈的發展」懶人包

　　羅馬作家魯基烏斯在〈丘比德與賽姬〉故事開頭提到希臘的預言神阿波羅，向來使用希臘語傳達神諭，卻因為喜歡作者而破例使用作者的母語。他當然是以幽默的筆觸表明引述的神諭是阿波羅的原文，藉以提高小說（英文fiction意思是「內容純屬虛構」）的可信度。作者博君一粲的用意觸動我身為譯者對於讀者接受度的敏感神經，心想在這速成掛帥的時代必然會有讀者不喜歡譯者長篇大論，於是在交稿前夕貼心補上畫龍點睛的這一節。

　　按分析心理學的定義，心靈是意識和無意識的總合體，深層心理學則是研究心靈的學問。在諾伊曼看來，個體心靈從無意識進展為人格成熟的經歷是人類社會演化史的縮影。他以母系社會所崇拜的大母神為無意識的陰性原型，闡述神話故事中的賽姬這個角色如何體現整體人格的心靈。賽姬的故事除了目不暇給的神話與童話特色和引人入勝的文義脈絡，同時還透露個體從元始神話世界獲得解放的可能性，

也就是說無意識經由個體化可以發展成完整的自我，心靈從此獲得自由。陰性賽姬受到陽性愛樂（羅馬神話稱作丘比德）的啟蒙，陰性因愛而樂終至於完成個體化的故事結局是人間女子與神界情侶生下名為歡樂的愛情結晶：這個愛情故事呈現兩性關係的原型。

　　大母神阿芙羅狄特（羅馬神話稱維納斯）和小愛神愛樂是一對寶媽和媽寶，媽寶私訂終身，小媳婦賽姬夾在其間，處境為難可想而知。肉身凡胎的賽姬（希臘文「靈魂」）置身於有敵意的世界，原型陰性的種種勢力大行其道，阿芙羅狄特則是那種種勢力的化身，愛樂倚附那些勢力，因此無法獨立。宙斯這個原型父親袖手旁觀，毫無作為。從心理學的觀點，這表示無意識的世界處於非人性、反人性的狀態，同時也表示人和那個世界——即愛樂——的關係是完全的被動。人格開始發展之初有如人類意識發展的早期階段，象徵眾神及其興之所至的無意識在人的心靈面耀武揚威，人類動輒得咎。

　　賽姬在陰性的世界原本一籌莫展，可是她身為陰性靈魂，本性陰中有陽，天生擁有意識的胚胎，也就是擁有光的種子。有光才能解除蒙昧的狀態，賽姬因此產生見識。由於看到自己的真愛，她的陰中之陽被激發，積極主動不可同日而語。生於陸地的這個凡胎女子，因追尋真愛而成功整合屬於她本性的世間四元素（土、水、氣、火），因而成功抗拒無意識及其女神的詭計。滿懷愛心卻飽嚐苦難的賽姬終於被迎入奧林帕斯成為愛樂的妻子，正因為她的故事是原型事件，其意義必須著眼於人類集體的觀點，視其為具有共相性質的「例證事件」，不能看成發生在某個特定男人或某個特定女人身上的事。從陰性的立足點來看，其要義在於靈魂具有神性，隨愛而生的蛻變則是具

有神化作用的一大奧秘。從人類的立足點來看，其要義在於人本身具有神性，女神賽姬與男神愛樂的結合意味著無意識／陰性與意識／陽性結合成健全的人格不只永恆，而且神聖。

　　性是物種得以生生不息的初發動機，愛是人類從生物本能演化成萬物之靈的動力來源。賽姬奮力擺脫性俘虜的命運，她追尋真愛的過程充分體現我在新近出版的《陰性追尋》書中所闡述的陰性力量。可是愛的蛻變潛能不只反映在兩性關係：健全的個體必定認識自己的負面人格，也誠實面對生命來源之謎，讀者如果對於諾伊曼無暇兼顧的這兩個面向有興趣，不妨參考《陰性追尋》這台灣第一本西洋古典神話專題書中的第三、四兩章。

故事

丘比德與賽姬

錄自　阿普列烏斯　著

《變形記》又稱《金驢記》

丘比德與賽姬

〔美神蒙塵[1]〕

有個城市的國王和王后生了三個如花似玉的女兒。老大和老二雖然漂亮，用世俗的語言盡情讚美總還不至於離譜，老三閉月羞花、貌賽天仙的姿容卻是世間絕無僅有，想要加以形容必定詞窮。城內城外四處流傳她沉魚落雁，聽說的人不論遠近或老少，無不成群結隊專程前來欣賞這可望不可及的絕美景象，慕名瞻仰的人一個個驚訝得目瞪口呆，紛紛把右手移到嘴唇[2]，豎起大拇指，又是膜拜、又是祈願，彷彿她就是維納斯本尊。名聲很快傳遍鄰近的城市裡裡外外，說什麼出身湛藍深海而誕生於飛沫浪花的女神已經不屑向全世界顯靈，如今居住在世間人群當中；不然，也有人這麼說，那必定是天降新鮮的生殖露，不是滴在海洋，而是落在陸地，冒出第二個維納斯，天生麗質花正開[3]。

1 　分節小標題為中譯本所增。由於故事原文是拉丁文，神名使用羅馬稱呼。沒有標明〔原注〕的注釋都是中文本譯注。

2 　普林尼《博物誌》28.2提到「向神像表示敬意時，我們習慣吻右手，同時轉身面對神像」。

3 　羅馬神話的維納斯在希臘神話稱作阿芙羅狄特。按希臘詩人赫西俄德的說法，烏拉諾斯的生殖器被克羅諾斯閹割後落塞普路斯外海，激起泡沫，從中誕生阿芙羅狄特，詳見拙作《情慾幽林》所錄〈愛神的誕生〉。

　　這個新信仰日漸風行，四處蔓延無止境。她的名聲傳抵鄰近的島嶼，越過大片陸地和許多省份。許多凡人不辭路途遙遠，翻高山又越深海，成群結隊前來觀賞既是奇蹟又是榮耀的人間勝景。不再有人像過去那樣，航海前往維納斯的聖地帕佛斯或科尼多斯，甚至也不再有人前往她當年從海洋登陸的庫泰拉瞻仰。她的祭典一延再延，她的神廟殘破傾頹，她的聖座被人踐踏，她的儀式被人疏忽，她的神像不再有花圈，她的祭台荒廢蒙塵。男人祈禱的對象是個女孩子：他們崇拜凡胎美女，為的是向法力無邊的大女神求寵。每天早晨這女子現身的時候，名義上供奉維納斯的祭品和牲禮都送到她面前，真正的維納斯卻沒人理會；她走在街上，民眾敬獻花圈或隨意散花向她祈願。

　　一個凡胎肉身的女子接受頂禮膜拜，儼然以本尊真神自居，如此不知檢點，真正的維納斯無法坐視。她忍不住滿腔憤慨，搖頭自言自語：「看我，萬物受造的元始母神，一切元素的本根源頭；看我維納斯，整個世界的親善母親，竟然必須和凡胎女子分享無上的莊嚴與榮譽！我傳揚天界的聖名橫遭拖拉在烏煙瘴氣的塵世穿梭。難道我要默默忍受這個冒牌貨空享虛名的奇恥大辱？難道遲早終歸一死的女人家可以學我的模樣大搖大擺出入人群？如果這樣，那麼當年那牧羊人裁決我美貌絕倫勝過權勢如日中天的女神豈不是空話[4]？他的判決公平又公正，連至尊神周夫也寄予信任。可是這女孩，不管她是什麼人，

---

[4]　影射帕瑞斯審美。泰緹絲（阿基里斯之母）的婚禮上，傾軋女神（Eris）丟出一顆金蘋果，上頭刻有「送給至美」字樣，眾來賓搶成一圈，最後剩三位女神僵持不下。這三位女神是周夫／宙斯的妻子朱諾／希拉和他的（卻不是朱諾的）兩個女兒，戰爭女神米涅娃／雅典娜和性愛美神阿芙羅狄特。她們要周夫作主，周夫卻推給牧羊人帕瑞斯。三位女神各依自己的神職展開賄賂，朱諾許以蓋世榮耀，米涅娃許以無敵軍功，阿芙羅狄特許以絕世美女。帕瑞斯把金蘋果送給阿芙羅狄特，因此種下特洛伊戰爭的遠因。

她的光采超過我的榮譽，不會有快樂。我很快就要她懊惱行不由正的美貌。」

　　維納斯劍及履及，立刻叫兒子過來，就是那莽莽撞撞的羽翼童子。這孩子品性惡劣，目無法紀，隨身配備弓箭和火炬，夜裡到處穿門入戶，破壞人家的婚姻[5]，竭盡所能做壞事，犯下最無恥的勾當依然事不關己。明知這孩子天生不知檢點又性喜胡作非為，維納斯還是拿話激他。她帶兒子來到那女孩住的城市，指給她看賽姬本人──賽姬就是那女孩的名字──原原本本告訴他如今已家喻戶曉的賽姬與天神競美的始末，又是哀怨又是憤慨，斷斷續續說道：「我懇求你，看在我生下你這個母子情深的緣份，用你的弓箭射出甜美的傷，用你的火焰燒出甜蜜的焦灼，為你母親報仇，對，痛痛快快報仇，狠狠懲罰這女孩目中無神的美貌。把這事辦好，只要辦好這件事，其他的我統統依你，樣樣隨你的意：讓那女孩情苦為患愛上最惡劣的男人，就是運氣女神注定他體弱多病、無財無德，世間找不出更卑賤、更悽慘的人。」

　　說完，她張開兩片嘴唇，熱情長吻兒子之後，這才踏出玫瑰足，凌浪花啟程前往鄰近波洗潮拍的海岸，起伏顛簸的深海波濤在她腳下瞬間平靜如水晶[6]。眾海神伺候她不敢怠慢，彷彿她老早就下令他們在現場待命，雖然她實際上才剛剛興起這個願望。維納斯巡洋，聶柔斯的女兒們，總數多達五十的海洋仙子，圍在四周合唱；又名波圖努

5　「火炬」一語雙關：火炬是婚禮必有的配備，以便親友護送新娘前往夫家過洞房花燭夜，丘比德卻拿來從事見不得人的勾當。

6　這個句子可以具體而微看到阿普列烏斯揉合羅馬文化與希臘文學的筆觸：把對嘴接吻從親情的流露轉化成文學創作的素材，又在作家筆下被賦予情慾意涵，這是羅馬在文學領域的一個創意貢獻（參見注26）；後半句描寫維納斯踏海而行是刻意襲用希臘詩歌的描述詞和套語，如「玫瑰足」、「波洗潮拍的海岸」、「起伏顛簸的波濤」、「深海」。

斯的聶普吞也來了，揚著一把毛茸茸的蔚藍海鬃，身邊陪伴的是他的妻子，滿腹漁產的薩拉基雅，還有他們的幼兒，海豚騎士帕萊蒙。崔屯的孩子也不落後，成群結隊匆忙跳水躍海而來，一個輕吹音色悅耳的迴聲海螺，另一個撐絲篷遮擋太陽惡毒的熱力，還有一個持鏡舉在她的女主人眼前，其他的套軛游水拉車。這就是護駕維納斯離陸入海前往海洋宮的陣容。

話說賽姬，她雖然美貌出眾，卻享受不到隨美嬌容而來的歡樂。人人以讚美的眼光向她注目，卻沒有人想要娶她，不要說是國王或王子，連平民百姓也沒有。男人欣賞她那只應天上有的姿容，就像欣賞精雕細琢的石像。沒多久，她的兩個姊姊，她們比較平庸的美貌並沒有名揚世界的口碑，卻已先後接受王親的求婚，成為快快樂樂的新娘。唯獨賽姬還留在家裡，仍然小姑獨處，只能孤單飲泣，病體傷心，悲嘆空閨，哀怨自己擁有傾國傾城的容貌。

〔死亡婚姻〕

女兒不幸，父親快樂不起來。他懷疑有什麼事惹得天怒神怨，前往米列休斯請教歷史悠久的阿波羅神諭。他禱過告，燒了祭牲，請求這大能大德的神指點他如何為不幸的女兒找到如意郎君。

阿波羅雖然是希臘神，而且是伊奧尼亞的希臘神，為了不使這個米列休斯故事的作者尷尬，特地使用拉丁語傳達神諭[7]：

---

[7] 伊奧尼亞是小亞細亞西南岸的希臘殖民地，其首府即米列休斯。神喻以拉丁語表達，這意味著阿普列烏斯賦給這故事羅馬帝國的當代背景。然而，早在公元一世紀時，德爾斐神諭不只

高山斷崖遺閨女，

　靈袍柩衣穿上身；

凡胎夫婿不可期，

　猛龍傳種伴餘生。

野物噴火凌空走，

　周夫遭遇得禮讓；

揮劍收割無敵手，

　陰森冥河大驚慌。

　　這國王向來幸運，如今聽了神聖的預言，頓時消沉，滿面愁容打道回宮，把這不吉祥的神諭指示向王后說明白。王宮一片愁雲慘霧，悲嘆哭泣持續好幾天。在令人厭惡的日子舉行那個殘忍的聖禮終於迫在眼前。這不幸的姑娘為了自己的葬禮婚姻而盛裝打扮，婚禮的火炬焰頭不展，因為被黑煙灰給阻塞了，慶婚的笛樂旋律一變而為哀怨的呂底亞調，歡天喜地的祝婚曲變成痛哭哀悼的送葬曲，出閣的閨女甚至用覆臉的婚紗通宵拭淚。為了這個遭受苦命折磨的悽慘家庭，舉城同悲，一切公務暫停，為的是全體誌哀。

　　但是天意不可違，不幸的賽姬勢必要迎向注定的命運。於是，在最悲傷的氣氛中完成這一場葬禮婚姻的儀式之後，活屍在全體民眾的護送下被領出家門。賽姬淚汪汪向前走，不是走在慶婚的行列，而是走在為她自己送終的行列。她的父母因為這一件大不幸而無精打采，

是已趨沒落，而且已經用散文體裁代替詩體，這從普魯塔克（Plutarch）的兩篇對話錄〈神諭式微〉和〈何以神諭不再使用詩體？〉（Russell 13-81）可以看出來。

心事重重，想要半途而廢，倒是他們的女兒在敦促他們。

「怎麼啦，」她問道，「你們何必哭不停折磨這一把不幸的年紀？我們相依為命，你們這樣消耗自己的氣數，也是在消耗我的氣數，何苦呢？幹嘛用一無是處的眼淚蹧躂我有口皆碑的容貌？你們平白流淚，只是跟自己的儀容過意不去，我看了心不忍，這又何必？這樣傷害自己的眼睛，有什麼用？你們的眼睛就是我的！幹嘛搥打養我長大的胸膛[8]？看吧！我美貌出眾帶給你們多麼豐厚的回報！居心不軌的羨慕神出手無情，你們明白得太晚了。列國萬民給我天神的美譽，他們齊聲歡呼我是新維納斯，那時候你們就該為我傷心，為我痛哭哀悼，把我當死去的人。現在我明白了，現在我的眼睛睜開了。把我帶向死亡的就是維納斯，就是她。帶我走吧，就把我留在命運指定的斷崖上。我迫不及待要迎接那一場有福氣的結合，迫不及待要見識我那名門出身的丈夫，他在等我。我幹嘛推拖閃躲？他生來不就是要蹂躪這整個世界的嗎？」

這姑娘說過這些話，不再作聲。她隨著伴行的人群，踏出堅定的步伐。他們爬上高山，來到神諭指定的斷崖。他們把她留在最高的山頂上，剩下她形單影隻。他們沿途照明用的婚禮炬，全被淚水給澆熄了，就留在現場，大夥兒低垂著頭走回頭路。她不幸的父母經過這一場大劫數，從此足不出戶，終餘生不見天日。

賽姬在峭壁頂上驚魂未定，渾身顫抖哭不停。突然間，西風輕吐氣息送來和風，把她的束腰衣胸前鼓得飽滿像浪峰，緩緩將她托舉，

---

[8] 搥打胸膛，還有下文會提到的扯髮、抓臉，都是是伴隨哭悼的制式動作。

祥和的氣流從崖頂順著峭壁山坡，飄送她輕輕降落在深谷的一片花床茵草地。

賽姬躺在遍佈晶瑩露珠的青草茵床上。原先的焦躁苦惱已消退，她心曠神怡沉沉入睡。一覺醒來益覺神清氣爽，她站起身。暴風雨已經遠離她的心靈。一片參天巨木映入眼簾，中央一泓剔透如水晶的清泉。

在樹叢中央一道活水溪的旁邊矗立一座宮殿，鬼斧神工非人力所能及，一望可知是神明賞心悅目又富麗堂皇的住所。藻井天花板是檀香和象牙精工雕成，以金柱挑高支撐。整個牆面覆上一層銀浮雕，飛禽走獸成群結隊注目迎客。必定是什麼奇人，說不定是神，才有辦法用精巧絕世的手藝製作這麼多銀質動物。甚至連地板也是用寶石切割而成的細片拼成種種圖畫。兩腳踩在玉石珠寶之上的人有福了。整個房子前後左右都是無價之寶。所有的牆壁全都是純金錠砌成，燦爛閃耀竟使得屋子裡面明亮如白晝，即使太陽不露臉也一樣。

從臥室、柱廊還有從每一道門本身都這樣發出耀眼的光芒。房子無暇一一細表的地方無不是同樣富麗堂皇。看來似乎是周夫大神為了跟凡人同住而建造的天宮寶殿。

賽姬在美奐美侖的景象吸引之下，不知不覺越走越近，越走越大膽，跨過了門檻。她欣賞眼前這一切美景，因仔細端詳而來的歡喜吸引她進一步探索每一樣榮耀，終於在房子的遠端看到一個積珍聚寶的大房間。這裡沒有的寶物，在人世間也不可能找得到。這些數不清的財富已夠她驚訝，更神奇的是，竟然沒有鐵鍊、沒有鎖、沒有衛兵守護集世界寶藏之大成的倉庫。她滿心歡喜在瀏覽觀賞的時候，四下無人竟然傳出聲音對她說：「小姐有必要驚嘆這富麗堂皇的景象嗎？這

一切都是您的。到您自己的房間去吧,好好睡個覺養養神,要洗澡也請便。我們,您聽到的這些聲音,都是您的僕人,隨時聽候差遣。等您恢復精神之後,豐盛的晚餐也準備好了。」

賽姬聽這些沒有形體的聲音,察覺到一切指示和這地方所有的財富必定是某個守護她的天神送給她的禮物。她先睡了個覺,醒來之後洗過澡,疲勞全消。精神一恢復,她看到緊挨著臥榻的地方冒出一個半月形的平台,從擺設來判斷應該是給她提神的餐點,她也就不客氣享用起來。這一起頭,美酒佳肴隨即一道接一道。仍然沒有人在現場侍候,只有氣流托著杯盤送到她面前。她沒看到半個人影,只聽到輕聲細語從空中來,除了聲音再也沒有別的僕人。盛筵過後,有個看不見的人進來唱歌,另一個彈琴,琴也是隱形的。接著,宏亮的合唱傳入她的耳朵,雖然沒有人形現身,顯然可知是歌隊。餘興節目過後,時辰已晚,賽姬上床休息。

夜深,一陣輕聲細響傳入她耳中。孤伶伶一個人,她害怕自己名節不保;她發抖打顫,對於自己身處的情況一無所知,這種恐懼遠超過她設想的一切危難。她那不為人知的丈夫終於來了,爬上床,使賽姬成為他的新娘,又趕在天色破曉前匆匆離去。候傳的聲音立刻來到臥室待命,隨時準備服侍。事情就這樣持續好長的一段時間,起先覺得奇怪的事由於習慣成自然而有了歡樂,各式各樣的聲響把她的孤單和憂慮一掃而空。

這期間,賽姬的父母禁不起哀傷催老。事情很快傳遍四境,她的兩個姊姊也聽說了這一切。她們急忙辭別夫家,滿懷悲戚趕往娘家探問。

〔愛樂園〕

當天晚上，賽姬的丈夫——她雖然看不到自己的丈夫長什麼模樣，卻能夠憑一雙手認識他，也聽得到他說話——對她說：「賽姬，親愛的太太，運氣女神翻臉無情，對妳虎視眈眈，致命的危險迫在眉睫。我要提醒妳小心防範。妳的姊姊認定妳死了，方寸大亂，很快就會來到那斷崖尋找妳的蹤跡。妳如果碰巧聽到她們的哭喊，千萬別回話，甚至連看也不要朝聲音的方向看一眼，否則妳會害我受苦，也為自己帶來毀滅。」

她點頭同意，答應順從丈夫的意願。但是，夜盡天明，他離去之後，這可憐的女孩失聲痛哭，整天以淚洗面，一再哭訴自己是真的徹徹底底完蛋了，被嚴密囚禁在這豪華的監牢，連個可以交談的人也沒有。甚至沒有機會安慰為她哭喪的兩個姊姊，甚至連看一眼也不行。她沒心情享用餐點，澡也不洗，水也沒喝，倒是痛痛快快哭了一場，哭累入睡。

過了一陣子，她的丈夫來到她身邊，比往常早了些時候，伸手抱著又在哭泣的她，責備她：「親愛的賽姬，妳是這麼答應我的嗎？我，妳的丈夫，現在能期望妳些什麼？妳整天整夜這樣不停折磨自己，甚至妳的丈夫抱著妳貼近他的心頭也一樣。好吧，好吧，隨妳高興！順妳自己的心吧，雖然妳的心意只會害苦自己。等到妳後悔的時候，別忘了我誠心警告過妳。」

賽姬聽了這些話，趁機懇求，還以死相逼，終於說服丈夫順從她

的心願：她要見姊姊一面，當面撫平她們的憂愁，跟她們聊聊。他讓他的新嫁娘如願以償，還允許她拿黃金或珠寶盡情贈送。不過，他再三警告她，還經常語帶威脅，絕對不能屈服於她們勸她探察丈夫長相的壞心眼；假如她禁不起好奇心的驅使，她就是跟自己過意不去，永遠再也享受不到他的擁抱，也永遠失去現在歸她所有的這一切財富。

她謝過丈夫，破涕為笑，說：「我寧可死一百次也不願意被剝奪你甜蜜蜜的愛。不管你是什麼人，我愛你，熱情仰慕你。我愛你就像愛自己的性命。跟你比起來，丘比德本身也不算什麼。不過，我有個要求，希望你能成全：叫你的僕人西風神送我姊姊到這兒來，就像他當初送我來到這裡。」

說著，她開始投送香吻，甜言蜜語堆又砌，四肢並用糾纏他，口口聲聲「老公甜如蜜」、「賽姬的生命和愛心」這一類的迷魂詞。她的丈夫禁不起軟語功的力道和酥骨勁的強度，勉為其難順她的意，允諾她所有的要求。黎明將近，他從妻子的懷抱消失。

這時，她的兩個姊姊問清楚賽姬被遺棄的始末，匆匆趕往斷崖的所在。她們來到現場，開始搥胸，哭到眼腫，直到石塊和峭壁發出共鳴，迴響她們沒有間斷的哀號。接著她們開始呼叫這個不幸的妹妹，叫她的名字，淒厲徹骨的喊聲順坡滑下谷地。

賽姬聽得歡欣若狂，渾身顫抖衝出室外，喊了回去：「何必跟自己過意不去，這樣子悲哭傷身？我，妳們哀悼的人，就在這裡。別再哭喊了，妳們的臉頰浸泡淚水太久了，擦乾吧，因為妳們現在就可以盡情擁抱妳們痛心哀悼的人。」

接著她召喚西風，提醒丈夫的指示。西風隨即從命，輕柔送出一

陣和風，把她們承托起來，平安送到谷地。一落地，三姊妹又抱又吻，
好不熱絡。她們太高興了，方才安撫下來的眼淚又蠢動了。賽姬說：
「來，進去吧，快快樂樂到我家，好讓賽姬為兩個姊姊壓壓驚。」

　　說著，她帶領兩個姊姊參觀這黃金屋[9]所有的財富，讓她們見識
應答聲此起彼落的一大群聲音僕人。洗過奢華浴又用過絕塵餐，疲勞
全消，也看飽了如假包換的天府之富，她們的感官撐飽了只應天上有
的富足，開始在心坎深處培養羨慕。於是，其中一個開始盤問，問得
仔細問不停，比方說這些天物神寶的主人是誰，以及她的丈夫是什麼
人又是長什麼模樣。賽姬絲毫沒有違背丈夫的指示，也沒有洩露心中
的秘密，但是靈機一動，他假稱丈夫是個俊美的年輕人，剛開始長鬍
子，大部分的時間在山林野地打獵。隨後，唯恐言多必失，她送給她
們許多金飾禮物和珠寶項鍊，急忙喚來西風立刻送她們回去。

　　交代的事立刻照辦。她這兩個好姊姊回到家，羨慕生惡膽，心
中苦惱，開始咬舌頭，舌頭越咬則心眼越小，心眼越小則火氣越大。
其中一個終於說道：「噢！無情無義又無利可圖的運氣女神！我們
兩個，和賽姬是同樣的父母生的，竟然有這樣不同的命，妳就高興
了嗎？我們是姊姊，難道就活該交給番邦國王當他們的貼身丫環，像
亡命之徒那樣永別父母？而她，年紀最小，是母親疲憊的子宮最後生
下來的，卻活該擁有這樣的財富，還嫁了個神仙丈夫？她甚至不曉得
怎麼運用那金山寶礦。妳可知道她的屋子裡擺了多少珠寶，貨色有多
好？那些金光閃閃的衣服，亮麗耀眼的寶石，腳底下踩的都是金子，

9　公元64年羅馬發生火災，位於市中心的貴族住宅區付諸一炬，尼祿皇帝在原址建豪華別墅，
　　就叫做黃金屋（Domus Aurea）。

遍地黃金，妳看到沒？她說她丈夫是個俊美的年輕人，如果真是那樣，那麼全世界沒有比她更幸福的女人了。女人，我這麼說的？要是他的愛不減反增，情意永篤，說不定哪一天她那神仙丈夫還會使她成為女神。錯不了，她已經是女神！她那副德行和那種態度分明就是這個意思。那個女人，瞧她使喚聲音僕人，還能夠對風下命令，已經在仰天盼望女神的寶座囉！而我，可憐哪，拖了個丈夫比父親還老，禿頭比南瓜更光溜，隨便一個小孩也不會比他更弱不禁風，整個屋子不是鎖門閂就是綁鐵鍊。」

另一個表示同感，接口說：「我得忍受一個年紀加倍的丈夫，他風濕纏身，根本沒有心情去想什麼叫做愛。我得按摩他扭曲僵硬的手指，我的細皮嫩肉就這樣又紅又腫，嗆鼻的藥膏味整天散不掉。沒有機會當個盡責的妻子也就算了，我還得兼病患看護這樣操勞的角色。妳或許有耐心容忍這件事，說不定——我就打開天窗說亮話——奴性也不缺。我呢，我再也受不了財富和運氣竟然落在那樣一個小人身上。記得她那高不可攀的神情吧，對待我們何止是目中無人，賣弄吹牛又愛現，傲心像水腫！丟給我們的不過是她全部禮物的九牛一毛，居然還給得心不甘情不願！接下來呢，嫌我們煩了，二話不說就下起逐客令，一口氣一陣微風就把我們給打發了。要是我沒有整得她家破財散，我這輩子誓不為女人，把命也豁出去算了。如果妳的心也被這樣的侮辱給刺痛了——我想妳是應該被咬痛了——我們不妨聯手想個萬無一失的計畫。不要讓爸媽或其他什麼人知道我們受的冤屈，甚至不要讓別人知道她的近況。我們看到讓自己看了感到懊惱的東西也就夠了，何苦再對我們的父母和整個世界張揚她的風光。來路不明的財

富沒什麼好風光的。該讓她明白我們是她的姊姊，不是她的女僕。所以，我們這就回老公家去，就算不夠豪華，說體面可是綽綽有餘。等到深思熟慮有了成果，我們再來回報她的傲氣。」

惡毒的計畫使得這兩個壞心眼的女人喜上眉梢，她們以前並不是這樣。她們藏起所有貴重的禮物，然後開始演戲，再一次哭亡悼喪，扯亂頭髮，抓破臉頰——這正是她們應得的下場。就這樣，她們揭開父母的舊傷疤，很快讓焦心如焚的父母死了心，不再多問，接著瘋心為病，趕回家設計無恥的勾當，即使鬧出人命也在所不惜，只為了要和無辜的妹妹作對。

這時，賽姬那素未謀面的丈夫在夜色黑暗中跟她說話，又一次警告她：「妳可知道妳的處境有多危險？」他問道，「運氣女神還只是在外圍的據點進行前哨戰。現在距離雖遠，可是很快就會逼近妳身邊展開肉搏戰，除非妳心志堅定時時提高警覺。那虛情假意的母狼千方百計設圈套要對付妳，主要的目的是說服妳探察我的真面目。我一再警告妳，妳如果知道我的真面目，就再也看不到我。所以，如果那壞心眼的食屍鬼配備見不得人的詭計又來找妳——她們會來，這個我知道——千萬別跟她們說話。如果妳因為自己的單純與心軟而做不到這一點，起碼不要聽也不要說妳丈夫的任何事。妳知道嗎，我們很快就會有孩子，妳的子宮，現在還是小孩子的，已經懷了像妳一樣的孩子。如果妳守得住我們的秘密，他將會是個神；如果妳吐露口風，那就只是肉身凡胎。」

這消息使得賽姬心花怒放，想到自己生出神子就心花怒放。她陶醉在這孩子日後的榮耀，想到母親的稱呼使她得意洋洋。她熱切計算

累積的日數和度過的月數，隨著希望漸增而益發覺得不可思議。

可是那兩個詛咒鬼，那噴吐蛇毒作孽人間的憤怒鬼，已經揚帆上夕路，正加速馳往目標。賽姬的丈夫，他只在夜晚短暫的時間來會她，再一次警告她：「妳的末日快到了，大難就要臨頭；那兩個討厭的女人，妳的親人也是妳的敵人，已經穿盔帶甲，已經破釜沉舟，陣式擺開了，吹號了；妳那兩個妖怪似的姊姊已經抽劍出鞘要取妳的性命。唉！我最甜美的賽姬，我們可是大難當頭啊！可憐可憐妳自己，也可憐可憐我。妳一定要守密，這樣才能挽救妳的家、妳的丈夫、妳自己和我們的小寶貝免遭虎視眈眈的厄運。別看也別聽那兩個惡毒的女人——她們根本不配當姊姊——因為她們違反倫常對妳懷恨積怨，一味踐踏血緣，就像高據在斷崖的人鳥妖使峭壁迴響她們致命的歌聲[10]。」

賽姬邊啜泣邊斷斷續續回答：「自從上一次我證實給你看我的忠誠和謹慎，到現在有好一陣子了。我要你知道我的決心沒有絲毫的動搖。儘管下命令給我們的僕人西風，讓他履行他的職責。你不允許我瞻仰你的容貌，至少我可以看看我的姊姊。我求你，憑你這一頭散發肉桂香的鬈髮，憑你這兩片和我一樣細嫩有彈性的臉頰，憑你這暖流源源不絕的胸膛，我求你，就像我從我們那還沒出生的孩子至少有希望知道你長什麼模樣，你就讓一步嘛，讓步給一個滿懷焦慮的懇求者衷心的祈願，讓我重溫姊妹情，讓仰慕你的賽姬享受靈魂新生的喜悅。我再也不會想要看你的長相；就算入夜漆黑也阻擋不了我的喜悅，因為我張開臂彎擁抱你，你就是我生命的光。」

---

[10] 人鳥妖：希臘神話中下半身為鳥的席壬姊妹，盤據在海島崖頂，以迷魂的歌聲引誘水手，聞者無不船毀人亡，僅有的例外是奧德修斯。

　　禁不起她的甜言蜜語和柔軟攻勢，她的丈夫順了她的意。用他的頭髮擦掉她的眼淚，他答應如她所願，隨即趕在破曉放射曙光之前離去。

　　這兩個姊姊沆瀣一氣，甚至路過父母的家門也不進去，卻是匆匆忙忙趕往那斷崖。到了崖岸也沒有耐心候風，奮不顧身就往下跳。西風雖然不情願，倒也沒有忘記主人的吩咐，還是吐出一股氣流接住她們，載落地面。她們三步併作兩步，並肩闖進賽姬的家門。賽姬這兩個空有名義的姊姊擁抱她們的獵物。興高采烈的神色隱藏不見城府的機心，她們開始灌迷湯。

　　「賽姬啊，」她們說，「妳就要當媽媽了，不再是小孩子！想想看，妳懷的身孕給了我們多大的快樂，會帶給我們家多少歡笑。哦！要撫養妳這個金寶貝，我們會多麼高興，多麼有福氣！如果他長得像爸爸媽媽那麼漂亮——說來是應該的——那不就是丘比德再世！」

　　就這樣，她們的虛情假意一步一步鑽入妹妹的心。片刻的休息消除了旅途的疲勞，熱水澡的蒸氣恢復了元氣。賽姬在餐廳擺出山珍海味款待她們，又安排彈琴助興，接著笛子演奏上場，最後還有聲樂合唱，餘音繚繞。連個人影也沒有，卻足使聽的人洗塵寬心。可是，連這麼怡情悅性的音樂也安撫不了這兩個工於心計的女人歹毒的心思。她們開始花言巧語，鼓動簧舌攤開事先設計好的圈套，假裝隨口問她丈夫的長相，問他的出身，問他的成長背景。心思單純的賽姬忘了自己先前的說詞，編了個不同的故事。她說她丈夫是鄰省的人，生意做很大，中年，開始長白頭髮。賽姬不想多談，趕緊塞給她們大包小包的名貴禮物，託西風送她們回家。

西風輕柔的氣息將她們高高托舉，她們在回家的路上這樣商量：
「那個傻女孩撒了瞞天大謊，我們就這樣認了不成？上次說丈夫是個
年輕人，下巴剛長鬍子；這次說他是中年人，開始長白頭髮。這麼短
的時間，突然變老，他到底是什麼人？只有一個答案，那個賤人在撒
謊，不然就是根本不曉得她丈夫長什麼模樣。不管怎麼樣，我們的本
分就是儘快把她和那一大筆財產拆散。如果她沒見過丈夫的面，那她
顯然是嫁了個神，那麼她子宮裡懷的也是神。如果她成了神子的媽媽
——天理不容哪！——我立刻綁個繩結自己了斷。現在我們先回爸媽
的家，好好編一幅可以比美我們舌粲蓮花的欺心織錦圖。」

她們氣在心頭，沒什麼心情跟父母寒暄，挨過輾轉反側的一個
晚上。一大早，這兩個該死的女人又趕往斷崖。從那兒，她們像往常
一樣得風力之助，這一回卻是狠狠掃坡而降。她們強揉眼皮硬擠出幾
滴淚水，對小妹要詐，說：「噢！妳倒快樂，不知死活，以為身在仙
境福地，不曉得大難就要臨頭，對自己的危險這樣掉以輕心！我們可
是一個晚上沒睡覺，掛念著妳，為了妳的劫難受盡折磨。我們現在知
道真相了，既然要跟妳共患難，我們不能瞞著妳。靠夜色掩護睡在妳
身邊的是一條大蟒蛇，纏了不知道多少圈，喉嚨淌著血淋淋的劇毒，
張著大嘴巴嚇死人！妳還記得阿波羅的神諭吧？神諭說妳注定要嫁給
兇殘的野物。許多農夫和鄰近地區的獵人，還有附近許多居民，都看
過牠出來獵食，在河流水淺的地方出沒。他們異口同聲說，妳這樣山
珍海味養尊處優持續不了多久，等時候到了，他就把妳連同子宮裡成
熟的果實一起吞下肚。好好考慮，現在是妳必須作個了斷的時候，看
妳自己是不是要聽姊姊的話。我們就只擔心妳的安危。妳死裡逃生之

後可以跟我們住在一起，不然就只好葬身在猙獰的妖怪腸胃裡。如果這一片美景勝地的天籟孤寂仍然使妳覺得賞心悅目，如果這一場秘密戀情的歡樂仍然使妳回味無窮，毒蛇臭氣嗆鼻的擁抱使妳睡得心滿意足，那麼我們好歹也是盡了姊妹情深應有的本分。」

可憐的賽姬，她心地單純又耳根軟，聽了這樣陰森森的話，嚇得寒毛直豎。她六神無主，把丈夫的告誡和自己的承諾全忘得一乾二淨，就這樣一頭栽進劫難的深淵。她渾身顫抖，面無血色，張口結舌，好不容易才擠出話來：「親愛的姊姊，多虧妳們善盡對我的姊妹情。我想告訴妳們這些事的人也沒說謊。我是真的沒見過丈夫的容貌，也不知道他的來歷。只有在夜晚我聽過他喃喃低語，必須默默忍受完全不見天日的丈夫，連他長什麼樣子也不曉得。妳們說他是什麼奇怪的野物，我覺得有道理。他總是恐嚇我不許看他，威脅說要懲罰我想探究他的容貌的好奇心。所以，如果妳們有辦法解救危機四伏的妹妹，一定要幫助我。要不然，如果任由冷漠取代愛心，妳們不成了為德不卒？」

既然已經直搗小妹的心扉，門戶洞開不設防，那兩個惡毒的女人卸除了偽裝，抽出欺心劍，開始襲擊這單純的女孩膽怯的心思。一個姊姊說：「看到妳生命有危險，血緣親情使我們奮不顧身，只要救得了妳，我們這就把推敲了很久的法子告訴妳。準備好最鋒利的刀，把它磨得更利，偷偷藏在妳習慣睡的那一邊的床墊下。手提燈準備好，裝滿油，事先點亮，用水壺或什麼的蓋起來。這一切準備要做到神不知鬼不覺，然後，等到他像往常一樣拖著腳步上臥榻，四腳朝天睡得不省人事，聽他的呼吸聲看他睡熟了，妳就偷偷溜下床，打赤腳，踮

腳尖，步子要小，動作要輕，把燈從密不透光的黑牢釋放出來。就讓火光教妳怎麼展現妳的光榮事蹟最穩當，然後舉起右手，拿出妳全身的力氣，用雙刃刀狠狠割下去，讓那條蛇身首異處。我們會幫到底。妳殺死牠換回自己的生路之後，我們會火速趕到妳身邊，幫妳帶走所有的財寶，再為妳安排婚姻，嫁的娶的都是人。」

這些話煽得賽姬心頭火熱——其實她的心是真的全面著火——於是兩個姊姊離去，留下她一個人，因為她們甚至不敢待在發生這種惡行的現場。像以往那樣，她們被展翅的微風飄送到斷崖頂上，一落地隨即一溜煙跑開，立刻登船打道回府。

賽姬獨自一人卻不孤單，因為憤怒鬼一直陪在她身邊糾纏她的靈魂。苦惱生波像海潮一陣接一陣，害她顛簸不已。她決心已定，心意已決，想鼓起勇氣下手卻嚇得魂不守舍，心旌板蕩幾乎要放棄。她匆匆忙忙，又推推拖拖；她放大膽子，卻發起抖來；她想放棄，卻生起氣來；最為難的是，在這同一個身體，她討厭野物又喜愛丈夫。薄暮引來夜色，她狂急忙亂準備行兇的配備。入夜了，她的丈夫到來，把她摟進臂彎，吻她，然後沉沉入睡。

接著賽姬——她雖然身心兩方面都嬌小，卻有命運狠心的意志給了她力量——鼓起全身的力量，拿出燈火，抓起刀子，一鼓作氣取代了她先天的性別嬌弱。可是，燈光透露了臥榻的秘密，她看到所有的蠻性野物當中最和藹又最甜美的一個，是丘比德本身，眾神數他最漂亮，即使沉睡還是漂亮，竟連燈油的火焰看到他也驚喜，加速燃燒而火光更旺，刀子則因鋒刃失禮而閃爍不定。賽姬目睹神奇的景象而驚慌，她魂飛魄散，臉色發白，渾身無力跪在地上發抖，想要把刀刃埋

進自己的心窩。她真會這麼做，要不是那凶器面臨暴行因飽受驚嚇而從她那一雙魯莽的手失足掉落在地上的話。她渾身無力，鬥志全消，身心俱疲。一次又一次凝視這神相之美才使她振作起來，心魂逐漸回復正常。

在他金閃閃的頭上，她看到瓊漿浸透的鬈髮，圈圈環扣覆蓋雪白頸項和玫瑰臉頰，有的扭纏自成一番景致，有的前垂後懸錯落有致，燦爛奪目竟使得燈光相形黯淡。從這羽翼神的兩肩彈出翅翮，閃閃發亮像朝露滋潤的白花，邊緣環繞的棉羽柔軟纖細，舞動不稍停，雖然其餘的部分全都靜止不動。他的身體其餘的部分光潔無毛，通體發亮，絲毫無愧於維納斯之子的美名。擺在床腳的是一副弓和箭袋，那是這偉神得天獨厚的武器。

賽姬細細端詳不知足，好奇如焚，驚嘆之餘伸出手把玩她丈夫的武器。她從箭袋抽出一支箭，拇指抵著箭鏃的尖端測試鋒利。可是她的手還在抖，用力稍微過頭，刺太深了，小血滴穿透皮膚細細流淌。於是不知不覺，卻是自動自發，賽姬愛戀愛神。接著，情火越來越旺，她慾求慾神[11]，愛心出神忘形，傾身撲在他身上，情烈性急一吻再吻解她饑渴的櫻唇，直到因為擔心他驚醒才鬆開。

可是，正當她陶醉在喜悅中，心蕩神搖魂不守舍的時候，這盞燈要不是壞心眼使出詭計，就是歪心術生出嫉妒，不然就是渴望沾光要親吻如此的美形體，竟然從火焰頂端噴出熱滾滾的一滴油，落在這神的右肩。啊！膽大心粗的油燈！愛神沒用的僕人啊，你竟然灼傷火

---

[11] 愛戀愛神……慾求慾神：作者在玩文字遊戲：「丘比德」的拉丁文（Cupido）字義為「慾」，他的另一個名字阿摩（Amor）則是「愛」。

的主人[12]，雖然你能夠有今天必定是哪個有情人善用巧思發明了你，為的是即使在夜晚也能夠隨心所欲。這神被這麼一燙，一跳而起，看到自己的秘密橫遭背叛，隨即掙脫他那不幸的新娘的擁抱，二話不說就飛離香吻陣。可憐的賽姬，一看他起身，急忙兩手併用抱住他的右腿，不願意放他走，緊緊追隨他穿牖出戶而去，直到筋疲力竭，終於摔落在地。

　　賽姬躺在地上的時候，她的愛侶並沒有棄之不顧，而是飛到近處的一棵柏樹，高高停在樹梢，忍痛含悲對她說：「可憐的賽姬啊，妳好天真！想當初，我違背我媽媽維納斯的命令，她要我點燃妳的情火，讓妳死心塌地愛戀世間最悽慘、最卑賤的人，把妳套在那樣的婚姻枷鎖。我擅作主張，自己飛向妳，心想可以在這地方當妳的情侶。我這麼做是很輕率，現在我知道了。我是名揚天下的弓箭手，用自己的箭傷了我自己，使妳成為我的新娘——妳竟然把我看成野物，設計拿刀割下我的頭，這頭上長的可是深情愛妳的兩隻眼睛。我再三交代妳留心自己的所作所為，一片好意警告妳是因為我愛妳。那兩個可敬可佩的女人，妳的軍師，很快就會自食惡果。至於妳，我只要自己離開就是懲罰妳了。」說罷，他鼓動翅膀飛天而去。

　　賽姬整個人癱在地上，就眼力所及追隨她丈夫到最遠處，心魂摧折無以名狀。羽翼載他的丈夫漸去漸遠，遙遠的距離把他移出她的視界之後，她就近找到河流，不管三七二十一就往裡跳。可是這和善的溪流有顧忌，同時也是尊敬這位甚至能夠激動河水點燃情火的神[13]，

---

[12] 愛的本質無異於火，故有情火之稱，情火的主人則是愛神。

[13] 按希臘神話邏輯，河流擬人化即是該河的河神。作者可能影射阿爾費斯河神迷戀仙女阿瑞蒐

即時興起一道無害的迴流，把她送上花草茂盛的岸邊。當時正巧鄉野神潘恩陪伴茴音仙女[14]坐在河邊，抱著她，教她種種曲調。在溪畔附近漫遊嬉耍的是母山羊，為河流剪髮的同時也邊吃草。

這羊腿神看到賽姬神情落寞，不曉得原委，輕聲細語叫她過來，說了些安慰她的話：「俏姑娘，我雖然是放羊的老粗，活了一大把年紀倒也增長不少見識。如果我猜得沒錯──雖然聰明人不說是用猜的，而說是先見之明──看妳精神萎靡、步履蹣跚、面無血色、長吁短嘆，再加上妳悲戚的眼神，必定是愛的劑量太重，妳消受不起。所以，好好聽我說，別做傻事，不管是跳水啦或是自殘啦。悲傷不濟事，把憂愁拋開。直接去找丘比德[15]，他可是眾神當中勢力最大的，只要誠心向他祈求，用柔情順心爭取他就是啦，因為他有情有愛，是個軟心腸的年輕人。」

牧羊神這麼說。賽姬沒有答腔，只是畢恭畢敬向這指點安身之道的神行個禮，就走開了。她拖著疲憊的步子，漫無目標走了不算短的路程，天色正轉暗，經過通往她的一個姊夫家的路。發覺到這一點，她迫不及待要求和姊姊見個面。她被引進王宮，姊妹倆擁抱寒暄過後，這姊姊問她來意。賽姬開口說：「還記得妳的勸告吧？妳慫恿我用雙刃刀殺死那個以丈夫的名義跟我睡覺的野物，免得我可憐的身子

莎，奧維德《變形記》讓阿瑞葛莎自述被追逐終至於交合的過程（5.487-532, 572-64）是上古情慾書寫的佳作。

[14] 潘恩是人身羊腿的牧羊神（因此下文有「羊腿神」之稱），茴音仙女則是「回音」的擬人格。由於諾伊曼在〈疏義〉提到這個典故時說「仙女……變形成為他的音樂」，因此幾乎可以確定「茴音仙女」是「徐菱絲」之誤。潘恩和徐菱絲的故事，見奧維德《變形記》1.689-712；茴音仙女的故事，見前揭書3.339-510。

[15] 丘比德：希臘神話的愛樂（Eros），「性愛」的神格化，母系單性生殖的第四代神，從此揭開兩性生殖的新紀元。

被他一口吞下貪婪胃。這下可好，我提著一盞見證燈——天哪，這就是妳的好主意——仔細端詳那一張臉，我看到只有天界才見識得到的奇觀：女神維納斯的兒子，就是丘比德本人，躺在床上安詳地睡覺。歡樂的景象使我心蕩神馳，過度的欣喜使我苦惱，超脫的經驗幾乎超過我能忍受的極限。就在這時候，機運狠狠揍了我一拳，熱騰騰的一滴油噴了出來，落在他的肩膀。疼痛把他驚醒，他看到我配備燈火和尖刀，叫了出來：『妳蓄意行兇，得要為齷齪的行為贖罪，從此離開我的臥榻，該妳的東西自己帶走。我要明媒正娶跟妳姊姊結婚[16]』——他還特別提到妳的名字。他說著，立刻下令西風把我吹到遠離那一棟房子的範圍。」

甚至等不及賽姬把話說完，這個姊姊受到瘋淫慾和毒醋勁的刺激，當場編了一個謊矇騙丈夫，假稱她剛接到父母的惡耗，即刻搭船直奔斷崖。在那個地方，雖然沒有西風在吹，她貪焰高漲兀自懷著盲目的希望，高聲呼叫：「丘比德，娶我為妻吧，我才配得上你！還有你，西風，把我托起來吧，我是你的女主人！」說著，她使勁往下跳。可是，即使豁出一條命，她也到不了那一片福地。她整個身體在斷崖的山壁突岩上滾撞，說來是罪有應得，肚破腸開為鳥獸提供了一頓大餐。這就是她的下場。

丘比德第二復仇的日子並沒有拖太久。賽姬繼續她流浪的旅程，走到另一個城市，是另一個姊姊住的地方。這個姊姊也同樣被賽姬的

---

[16] 現實經驗與神話世界互相滲透，這是阿普列烏斯的神話故事一大特色。在神話世界，性關係等同於婚姻關係，這個關係賦予丘比德和賽姬的故事浪漫的意涵。然而，從現實世界的觀點，他們只是露水鴛鴦，並無正式婚約，所以不是「明媒正娶」，因此也沒有嫁妝。所以，丘比德說「該妳的東西自己帶走」其實無的放矢。

假故事牽著鼻子走，居心不軌要取代妹妹成為愛神的新娘，倉促趕往斷崖，同樣摔死。

〔追尋真愛〕

　　賽姬在茫茫人海中四處流浪尋找丘比德，渾然不知他其實躺在他母親的寢宮呻吟，為燈油的燙傷叫痛。就在這時候，一隻鳥，鼓翼逐浪的白羽海鷗，急速潛入海洋胸懷的深處。他在那裡找到正在沐浴戲水的維納斯，挨在她身邊報知她兒子被燙傷，為傷處在痛苦悲泣，能否復原仍無把握。不只這樣，他還說整個維納斯的家族現在是惡名滿天下，四處在流傳難聽的話，「因為，」這鳥是這麼說的，「妳和他兩個湊成雙，不理世事，他在山區和青樓女子翻雲覆雨，而妳身為女神，卻在海中逐浪引波，怪不得快活、樂趣和歡笑無處可尋，有的只是邋遢、庸俗與粗鄙；婚姻、友情和親情都從人間消失了；一片大混亂，一切情緣人見人怨，人人避之唯恐不及。」這長舌頭又愛管閒事的鳥就這樣在維納斯耳邊喋喋不休，把她兒子的名聲割得傷痕累累。

　　維納斯一聽，怒從中來，叫嚷道：「這麼說來，我那乖兒子交了個女朋友！來，只有你對我忠心耿耿，告訴我，是哪個女人引誘我兒子？他心地那麼單純，衣服還是穿小號的呢。她叫什麼名字？是仙女一族，還是四季女神那一票，或者是繆思女神一夥的？難不成是陪伴我的美惠女神？」

　　饒舌鳥不會想到沉默。他說：「娘娘，我不知道對方是誰。不過，如果我記得沒錯，他是在熱戀一個名叫賽姬的女孩。」

　　維納斯怒火中燒，尖聲叫嚷：「什麼！他愛上賽姬，那個假冒我的聖名，跟我爭美的騙子？這小鬼一定把我看成幫他牽線的馬伕，當初是我指給他看那個女孩，他才知道有那麼一個人！」

　　嚷也嚷過了，她冒出海面，立刻趕往她金碧輝煌的寢宮，果然看到兒子在哀號，跟她聽到的一樣。她在門口就開始嘶聲咆哮：「你幹的好事！仰不愧出身，俯不怍品性！第一點，我是你娘，是你的母后，你竟然把你娘的命令踩在腳底下，沒有用不入流的慾望折磨我的仇人。第二點，說年紀，你只不過是個兒童，居然跟她成雙配對，瞎搞胡搞一通，吃定我捏著鼻子也只好容忍仇人變媳婦！噢，你這個偷情童子，一無是處的傢伙，害死老娘的小鬼頭！你必定以為我就只有一個獨生子，以為我老得不會懷孕了[17]。我要你知道我會生個比你更像樣的兒子。為了讓你無地自容，我會從那一大群年輕的奴才當中找一個來收養，把你的羽翼和火炬送給他，再加上你的弓和箭，還有其他我給你的那一切裝備，那些東西不是給你那樣子胡搞的。你不要忘了，這一切都不是你的父親配備給你的。你爹傳給你的沒一樣是好東西！你就是從小沒有好好管教，出手無情，對長輩也照樣惡作劇，連我，你的親生娘，也被你整得一塌糊塗，沒大沒小的，天天讓人看笑話，你這個不肖子！你用箭射了我好幾次，還笑我守活寡，也沒有把你的繼父放在眼裡，他可是堂堂一個勇猛無敵的戰士[18]。你甚至讓他到處留情，只因為我愛他惹你生氣！你這樣作弄我，我要你知道警

---

[17] 其時神族不受時間制約，因此神不會變老，但是，見注16。

[18] 戰士：戰神馬爾斯。阿普列烏斯因襲荷馬的說法，在下文提到維納斯的丈夫是金工神伍爾坎努斯。繼父：《奧德賽》提到維納斯和戰神偷情（這一斷插曲錄於拙作《情慾幽林》摘譯〈捉姦記趣〉），這裡卻把小三說成第二任丈夫。

惕，讓你深刻體會這一場婚姻是你嘴巴裡的苦膽！」

　　維納斯罵完了還不過癮，又在心裡嘀咕：「現在，我成了大家的笑柄，怎麼辦？找誰幫忙？怎麼來制伏這齷齪的小蜥蜴？難道要求助於我自己的死敵節制？我家這個小毛頭任性過度一再得得罪她，我怎麼敢去找她？更何況，想到要向那個無禮又無趣的傢伙討教，我就受不了。可是，我的冤仇不能給人家看扁，好歹我要發洩心頭恨。看來我真的非靠她不可，只有她有辦法重重懲罰這個不知天高地厚的東西，倒空他的箭袋，磨鈍他的箭鏃，鬆開他的弓弦，熄滅他的火炬，甚至用烈藥拘束他的身體。讓她剃光他的頭髮，雖然那是我親手梳整得金光閃閃的一頭秀髮，讓她剪斷他的翅膀，雖然那是我把他抱在懷裡親自用瓊漿浸染的一對羽翼。只有這樣才能平撫我的屈辱！」

　　她邊嘀咕邊怒沖沖走出門去，餘恨未消。穀物女神柯瑞絲和婚姻女神朱諾剛好迎面而來，看她一臉怒容，問她為什麼蹙額深鎖眉間風韻，竟使得花容失色而明眸無光。她答道：「來得正好！我火冒三丈無處發洩。不瞞兩位，我有事相求，請妳們幫我揪出賽姬那個亡命之徒，她簡直像是乘翅膀逃走的。我們家的糗事瞞不過兩位的法眼，我那個不像話的兒子鬧的笑話也一樣。」

　　她們雖然明白事情的來龍去脈，為了安撫維納斯的怒氣，只好問道：「令郎到底犯了什麼滔天大罪，妳非要這樣狠心打擊他的樂趣，還一心一意要毀掉他愛上的人？就算他情不自禁對漂亮的女孩子微笑，這又犯了那一條戒律？難道妳不曉得他是男的，而且年紀輕？莫非妳忘記他多大年紀了？就只因為他年華正青春，妳就認為他永遠是個小孩？妳畢竟是做媽媽的，向來也通情達理。難道妳打算一輩子監

控妳兒子的行蹤，他一有樂趣就怪他放縱自己，罵他妄動春心，只因為妳那俊美的兒子承傳妳的衣缽就這樣譴責自己的才華和魅力？天神世人有誰受得了妳在世界人間大肆散播熱情，卻禁止妳自己的家人接受愛的魅力，時時刻刻防範他們享受女人這樣的小毛病？那種樂趣可是對全世界開放的。」

　　就是這樣，這兩位女神都害怕丘比德的箭，因此說好話護著他，雖然他不在場。這聽在維納斯耳中，卻是火上加油，把她受的冤屈說得那麼荒謬。她扭身轉頭，兀自快步走向海邊。

　　這時，賽姬到處漂泊，勞心焦慮。夜以繼日打聽丈夫的下落，她的心不得安寧。相思情有增無已，即使無法以妻子的嬌態平撫他的怒火，或許可以用奴婢的懇求緩和他的氣憤。她看到高山頂上有一座廟，心想：「說不定我的主人就在那兒？」她快步朝目標前進；因為走個不停，她累死了，希望與慾望卻使她健步如飛。她三步併做兩步爬上山脊，進入神廟的內殿。她看到小麥穗成束堆積，也有紮成花圈的；也有大麥束，還有長柄鐮刀，以及收割用得著的所有工具。可是東西隨地擺，亂七八糟到處放，彷彿是夏季農忙時收割工人隨手一丟，滿地散落。賽姬一樣一樣撿起來，分門別類擺定位，心想神廟聖地不應該輕忽禮法，反倒應該博取神寵福佑，什麼神都一樣。

　　她細心又耐煩，忙著整理的時候，仁慈的柯瑞絲從祭台直接呼叫她：「是妳啊，可憐的賽姬？維納斯氣在心頭，密鑼緊鼓追查妳的行蹤，想要給妳最嚴酷的懲罰，要使出她所有的神力報復她受到的冤屈。妳卻在這兒細心料理我的產物和工具，可曾想到自己的安全？」

　　賽姬雙膝跪在柯瑞絲跟前，淚水侵透女神的腳，頭髮在地面掃

動。她不斷祈願懇求，希望能博取女神的垂愛。「憑您賞賜大地豐產
的右手，憑收成季節的歡樂慶典，憑您莊嚴肅穆的聖籃秘儀，憑您的
飛龍御輦，憑西西里原野的田畦，憑掠奪者的馬車和監牢大地，看在
普羅瑟頻娜在不見天日的幽深陰府舉行婚禮的分上，看在您找到令媛
歡天喜地回到光明世界的分上；憑阿提卡的埃萊夫西斯聖殿舉行肅穆
的儀式我不能訴說的天機[19]：我懇求您解救賽姬的靈魂，她已經走頭
無路。求您准許我藏身在這麥堆中，即使躲個幾天，直到時間撫平那
位大德女神的憤怒，或者起碼容許我勞苦過度而疲憊不堪的身體休養
一陣子，直到恢復元氣。」

柯瑞絲回答她：「妳含淚懇求喚醒了我的憐憫，我很想幫助妳，
可是這一來難免跟維納斯失和，她畢竟是我的親屬[20]。再說，我和她
又有多年的交情，她的心地其實不壞。所以，妳非離開我的廟不可，
不能多耽擱，不妨慶幸我沒有把妳關在這兒，要我保護就別提了。」

接到逐客令，賽姬的希望落空，悲上加悲，只好再度踏上尋夫
的路。走啊走的，在微光閃現的山谷叢林，一座鬼斧神工的廟映入眼
簾。她不怕走遍天涯海角，只要有一絲絲的希望她就不放棄，任何神
明她都願意尋求保佑。走近那聖地的大門，她看到珍貴的供品和鏤金
彩帶懸掛在樹枝和門柱上，全都是信眾感恩用來見證女神威名的謝

---

[19] 以上這一長串呼告語影射母女神的故事及其信仰。柯瑞絲在希臘神話稱黛美特，是西西里的
穀物女神，她的女兒是普羅瑟頻娜／珮塞佛妮，被冥神搶劫到陰間成為冥后的故事見奧維德
《變形》記5.341-661。這一對母女神的信仰傳到希臘本土，從母神尋找愛女的故事發展成
埃萊夫西斯密教，是上古世界地中海北岸最盛大的宗教活動，參加其秘密儀式（簡稱秘儀）
的信徒可望得到啟蒙，信徒在儀式中分享女兒重生與大地重現生機的奧秘，因此獲得精神上
的重生並寄望死後的生命更美好（詳見拙作《陰性追尋》頁161-217），其教義以故事詩的
體裁保留在〈黛美特讚美詩〉（中譯見《陰性追尋》頁373-96）。

[20] 在埃萊夫西斯密教的傳統，柯瑞絲是周夫／宙斯的妻子。在另一方面，維納斯是周夫的女兒。

禮，上頭還有銘謝神蹟的感言。

賽姬跪下來，張臂環抱仍有牲品餘溫的祭台，擦乾眼淚，接著禱告：「周夫大神的姊妻[21]，不論您是駐留在歷史悠久的薩摩斯，那是您誕生成長的聖地；或是逍遙在城牆高聳的福地迦太基，那裡的人崇拜您是騎獅走霄壤的處女神；不論您是否保護殷納庫斯河畔聲名遠播的阿果斯城池，當地稱頌您是雷神的新娘兼眾女神之后——現在整個東方都崇拜您是守護婚姻的共軛娘娘[22]，整個西方都尊崇您是守護分娩的光明娘娘——請您，朱諾，在我走投無路的時候成為救苦救難的天尊娘娘。我忍苦受難，身心俱疲，求您救救我，讓我脫離迫在眉睫的危險。我知道您樂意幫助孕婦渡過難關。」

她正在祈禱的時候，朱諾突然以莊嚴法身顯靈，對她說：「我很樂意，真的是很樂意，希望能夠成全妳的心願，可是維納斯是我的媳婦[23]，我一向當作自己的女兒看待，和她作對分明是鬧笑話。更何況，未經原主人同意不得收容逃跑的家僕，法律規定清清楚楚，我不能違法[24]。」

---

[21] 周夫／宙斯和朱諾／希拉是姊弟成親而為夫妻。這是民族起源神話共同的困境：為了強調血緣的純正，祖系追溯到源頭必然是單一祖神的異性子女聯姻。

[22] 「共軛」作為夫妻的描述詞有如國人說「結髮」：朱諾是婚姻女神，保佑夫妻白首偕老有如一副軛使兩隻牛結成生命共同體。周夫神相之一是雷電神。

[23] 神話故事在流傳過程中往往產生變異，因此版本殊異，甚至各成體系。在奧林帕斯體系，周夫的妻子是朱諾（參見注20），他們的兒子金工神伍爾坎努斯／赫菲斯托斯和維納斯／阿芙羅狄特結為夫妻。

[24] 此「法」是羅馬法。值得注意的是「家僕」這個措詞：在羅馬社會，僕人都是奴隸出身，朱諾指涉的法律條款原本是在規範主僕關係，她的措詞卻暗示媳婦的地位無異於家僕，此所以下文她找莫枯瑞烏斯幫忙時，說賽姬是「逃跑的奴婢」。在另一方面，她把維納斯和賽姬定位於婆媳關係，這呼應上古文獻把「性」和「婚」劃上等號的史前習俗，也就是男女發生關係即視同結婚。

　　命運坎坷又遇難，賽姬益加驚恐。別說追尋羽翼丈夫沒指望，自身性命尚且難保，她自己在內心這樣斟酌：「還有什麼可以試一試的？既然連女神也心餘力絀，還有什麼法子可以解除我的苦難？陷在天羅地網裡，下一步能往哪兒走？哪一片屋頂或哪一片黑暗可以讓我躲開維納斯無遮無掩的眼力？既然這樣，何不乾脆鼓起勇氣！大膽放棄已經破滅的希望，主動向女主人屈服，用柔軟的身段軟化她怒騰騰的火氣，雖然蹉跎了那麼久的時間。說不定我走遍天涯無覓處的人，不費功夫就可以在他母親的家裡找到！」順從的後果無從預料，甚至可以肯定是自投羅網，她已有心理準備，開始考慮如何啟口求饒。

〔四苦役〕

　　話說維納斯放棄了在人間搜尋賽姬的意圖，把希望轉向天界。她下令準備鳳輦，就是她丈夫金工神伍爾坎努斯以黃金精工打造，在他們跨過洞房的門檻之前當作結婚禮物送給她的。這位藝術家用銼刀把車身磨得光滑無比，看不到黃金反而提高它的價值。巢居在她寢宮附近的許多白鴿當中有四隻應命而來，伸出五彩頸，套上鑲鑽軛；女主人上了車，牠們快快樂樂載她騰空出發。車隊後頭是一群麻雀吱吱喳喳合唱，另有眾鳥以婉轉的歌聲宣告女神駕臨。積雲自動消退為她開路，天空[25]為他的女兒敞開門路，清揚之氣喜孜孜迎接她；維納斯大神的扈從一路唱歌，面無懼色看鵰的飛襲或鷹的撲擊。

---

[25]　在羅馬神話，天空的神格是凱盧斯（Caelus），對應於希臘神話的烏拉諾斯。

　　座車轉往周夫的聖殿，她理直氣壯請願，要求神使莫枯瑞烏斯隨行供她使喚。周夫點頭示准，維納斯洋洋得意，立即從天界降落，莫枯瑞烏斯也在行列中。她神情肅然對他說：「出生在阿卡迪亞的弟弟，你是知道的，姊姊我維納斯要是少了莫枯瑞烏斯，簡直就一事難成。我的事也瞞不了你，為了那個逃跑的奴婢，我找得好苦都沒有下落。除了向你求援，沒別的法子了。你只要到各地大聲通告懸賞，這就夠了。你務必急速辦妥這件事，清楚描述她的長相，這樣才方便指認，不至於被指控窩藏的人到時候有藉口抗辯說不知情。」她說著，交給他一張紙條，寫有賽姬的名字和特徵，隨即打道回府。

　　莫枯瑞烏斯沒有失職；他四面八方親自來回奔波，向所有的人傳達通告，宣布說：「有個公主，名叫賽姬，是維納斯的奴婢，她逃跑了。如果有人抓到她，或是指出藏身的地點，應該來到穆爾基亞錐柱後方會見佈達者，就是我，莫枯瑞烏斯。報者有賞，將會獲得維納斯本尊七次的香吻，外加一次銷魂的舌尖深吻[26]。」

　　莫枯瑞烏斯這一宣布，凡間男子個個情慾騷動興沖沖，爭相競奪這樣的大獎。這一來，賽姬再也無從遲疑。她走近女主人維納斯的宮門時，一個名叫習俗的僕人衝向她，劈頭就尖聲叫嚷：「喲！妳終於回來認女主人了，賤丫頭！妳害我們吃盡苦頭只為了找妳，難道還要假裝無事人？妳這張臉皮有夠厚。妳被我逮到，算妳走運。現在妳落入了幽冥爪，像妳這樣倔強，只好等著嚐苦果，現在不必囉嗦。」說

[26] 十足表達羅馬特色的懸賞：對嘴接吻雖然歷史悠久（可以上溯到印度的吠陀梵文「舔嘴唇的水份」，用於表達性意涵則晚至《舊約‧雅歌》1:2「吻我吧，讓我陶醉！你的愛香醇勝過美酒」），將之發揚光大而形成文化傳統並且挾國力聲威四處推廣卻有賴於羅馬，這從卡圖盧斯的抒情詩第五首（中譯見拙作《情慾幽林》）和拉丁文「吻」的一系列同義詞不難管窺。

著，她伸手一把揪住賽姬的頭髮，把她拖進門。

　　賽姬沒有抵抗，被拖進宮，來到維納斯面前。女神一看到她，爆出一陣狂笑，就像男人氣瘋的時候那一副德行，然後搖她的頭，抓她的右耳，吼道：「所以，妳終於降尊就卑，向妳的婆婆請安來啦？還是說，妳來探望丈夫，看妳一手造成的傷勢，害得他命在旦夕？妳不用害怕，我會恰如其分接納妳這個好媳婦。」接著，她叫道：「來人啊，我的貼身丫環憂慮和悲愁呢？」兩個婢女應聲而出，維納斯把賽姬交給她們處置，好讓她們嚴刑拷打。她們遵照女主人的命令，鞭打可憐的賽姬，還用其他種種方式折磨她，然後又帶回到維納斯面前。

　　維納斯再度爆出笑聲，說：「看她！挺了個迷人的大肚子，想這樣博取我們的憐憫。算算日子也差不多了，就憑那一個金寶貝，她要封我為快樂的祖母！我真是三生有幸，雖然年華還盛開，竟然要當起祖母了，大家都會知道維納斯的孫子是個壞心腸的女傭生下來的兒子！失言啦，我居然錯用了『兒子』這個字眼，門不當戶不對嘛；何況事情發生在鄉下地方，連個證婚人也沒有，也沒有家長的同意。所以說，這一樁婚事不可能是合法的，因此妳的孩子，如果我們准妳活到臨盆的話，是私生子。」

　　說著，維納斯衝向她，扯她的衣服，抓她的頭髮，打她的頭，狠狠搥她。接著，她把玉米粒、大麥、小米、罌粟籽、鷹嘴豆、小扁豆、大豆混在一起，堆積如山，然後對賽姬說：「像妳這樣礙眼的奴婢，除非努力工作，我看不出有什麼條件吸引情人。所以，我親自來測試妳的價值。這一堆穀物種子，好好分類，堆放整齊。天黑以前辦好，我再來驗收成果。」

　　這女神把堆積如山的種子交給她，掉頭就走，喝喜酒去了。賽姬並沒有動手做這強人所難的工作，而是茫無頭緒坐下來，對著不合情理的工作發愣。這時，有一隻螞蟻，是非常小的鄉樓蟻，知道這工作困難無比，憐憫起這大神的新娘，對她婆婆的無理要求感到忿恨不平，急忙上下奔波，呼朋引伴，召集一大群住在附近的螞蟻。牠喊道：「要有憐憫心哪，各位都是土地這萬物之母照顧有加的勤快子女，大家一起來憐憫可愛的女孩，她是愛神的配偶。快來幫她度過難關啊！」聲音甫落，一波又一波的六腳族潮湧前來救援，憑著忍苦耐勞的勤奮精神，他們分工搬運，一粒接一粒分類堆積。工作完成，牠們轉眼間消失無蹤。

　　夜幕降臨，維納斯喝完喜酒回到家，帶著酒意又散發香氣，身上飾滿亮麗的玫瑰。看到這樣辛勤勞動的成果，破口而出：「賤東西，這不是妳做的，妳根本沒有動手。是他幹的好事，那個不幸愛上妳卻傷了他自己的小男孩。」說完，丟給她一片麵包當晚餐，自己睡覺去了。

　　這時候，丘比德孤單單給關在深宮內他自己的寢室，警衛森嚴，一方面是怕他任情使性，以免情火使傷勢惡化，另一方面是不讓他跟心上人見面。就這樣，一對情侶被隔離在同一片屋頂下，分別挨過漫長的苦惱夜。

　　黎明女神剛出巡，維納斯立刻叫來賽姬，對她說：「沿著那條河流，有一片帶狀的樹林，濃密的草叢下有一泓水源，看到沒？金毛閃閃的羊群在草地上漫遊吃草，沒人看管。妳立刻去給我帶回來一束珍貴的金羊毛，不管妳用什麼方法，快去快回。這是我的命令。」

賽姬心甘情願離開，不是去執行維納斯交代的命令，而是有機會脫離苦惱，只要從河岸峭壁往下跳就行了。可是，河邊一株綠蘆葦在靈氣和風的激動下，低聲唱出悠揚的預言歌：「悲苦來襲不停手，可憐賽姬聽我說，可別投河尋輕生，玷污淙淙聖水流。綿羊雖恐怖，避禍有門道。艷陽當空照，羊兒火氣旺，此時以力取，徒然惹暴戾；羊角尖又尖，前額硬又硬，又有毒齒利，當心把命送。等待暑熱消，河畔微風起，羊兒好入眠，醒來心情穩；河畔懸鈴木，大樹可藏身，金毛滿樹叢，只需雙手搖。」

就這樣，純樸可親的蘆葦為意氣消沉的賽姬指出生路。專注可以逢凶化吉，她仔細聽蘆葦的指示，沒有理由推拖。她一一遵照吩咐，輕輕鬆鬆把軟綿綿的黃金絲偷到手，兜個滿懷，帶回去交給維納斯。可是，她克服艱難險阻完成第二項任務，並沒有博得女主人的好感。維納斯皺起眉頭，嘴角帶著一絲苦笑，說：「跟上次一樣，誰暗地裡做這件事，我清楚得很。現在我要給妳真正的考驗，看看妳是不是真的膽大心細超過一般的女人。有沒有看到峭壁高聳的那一座山？山頂上有黑泉，流出的黑水匯聚在附近的山谷，灌滿穿越沼澤的怨恨河，然後注入水聲低沉的哀泣河[27]。用這個水瓶，從那山頂源頭冒出來的水流裝冰水回來，快去快回。」說著，交給她一個小水晶瓶，另又威脅她，如果失敗還有更嚴酷的刑罰伺候。

賽姬快步朝山頂走去，抱定決心如果失敗的話，可以在那兒了結悲慘的一生。可是，她一抵達靠近山頂的斜坡，立刻明白這趟死亡任

---

[27] 怨恨河（Styx）和哀泣河（Cocytus）都是冥河。陰間另有三條河流：傷心河（Acheron）、火焰河（Phlegethon）和忘川（Lethe）。

務有多艱鉅。一片其高無比的石壁，又凹凸又滑溜，根本不可能爬上去，從石壁中央的裂口瀉下一道惡水，裂口深而斜，強勁的水流順著石壁的坡面沖刷，在山谷侵蝕成狹窄的凹槽水道。裂口左右兩側的崖壁各有猛龍盤據，脖子伸得長長，全天候守衛目不轉睛，面對強光也不眨眼。甚至水流本身也懂得保護自己，不斷叫喊「走開！」、「妳幹嘛？不要命啦！」、「打什麼鬼主意？」、「快逃！」以及「妳會粉身碎骨！」賽姬覺得這一趟不可能完成的任務簡直把自己變成了石頭人，雖然形體還在，卻五官茫茫而六神無主，陷在無路可逃的險地不知所措，連眼淚也哭不出來。

　　但是，天意有眼，不會坐視賽姬無辜的靈魂遭受苦難。至尊神周夫的聖鳥突然展翅，即時前來幫助她：兇悍的鵰想起以前完成的一樁任務，就是在愛神的主使下，奉周夫之命把名叫噶尼梅德斯的弗里幾亞男孩叼到天界當酒僮。牠感佩愛神的功德，看到她的新娘有難，二話不說立即離開天界穹蒼高高在上的光明路，俯衝到賽姬面前，開口說：「妳那麼天真，對這樣的差事毫無經驗，竟然以為能夠從最神聖因此也是最無情的水源偷水？連一滴妳也別想摸得到！就算沒在書上讀到，起碼一定聽說過，連眾神和周夫本尊也怕這怨恨河的水，就像你們凡人憑眾神的法力發誓，眾神就是憑怨恨河的威嚴發誓。來，水瓶給我！」

　　這神鳥抓來賽姬手中的水壺，急速飛去裝水，然後穩穩平衡巨大的翅膀，從兩條猛龍的血盆大口中間穿梭飛行，忽左忽右搖拍槳葉，躲過牠們的利齒和三叉毒牙。水源拒絕給水，還威脅牠不快速離去就不管牠的死活。牠卻假稱是奉維納斯的命令為她取水，這才有驚無

險。於是，神鳥拿到了水，賽姬喜出望外接過滿滿的水瓶，趕回程去見維納斯。

　　即使這樣，她仍然無法平撫喪心病狂的女神倔強的意志。維納斯甚至以更嚴厲的酷刑相威脅，幸災樂禍笑道：「我有理由相信妳是道行高深的法師，竟然乾淨俐落完成我交代給妳的這一切困難的任務！不管怎麼說，我的小乖，妳還得再為我跑一次腿。帶著這個盒子」，說著，交給她一個盒子，「直接到下界去，就是冥神歐庫斯居住的陰森世界。把盒子交給冥后普羅瑟頻娜，就這麼說：『維納斯請求妳送給她一些妳的美，只要夠她維持短暫的一天就可以了，她因為看護生病的兒子，容貌憔悴。』可別拖拖拉拉的，我得趕在前往天庭劇院之前擦一些。」

　　賽姬從沒像現在這樣深刻感受到自己的運途已走到盡頭，她知道不再需要遮遮掩掩的藉口了，知道自己一步一步被逼上絕路。不這麼認為才怪！因為她被迫踏上前往塔塔若斯那個亡魂國度的幽冥路[28]。她毫不遲疑爬上一座塔，決意跳塔自盡。在她看來，這是通往下界最直接的一條路，萬無一失。

　　沒想到那座塔居然開口說話，叫道：「怎麼啦，不快樂的女孩，幹嘛自尋短見？妳危機四伏的任務已走到最後一關，怎麼在這時候灰心喪志呢？一旦氣息從妳的形體分離而出，妳就真的下到塔塔若斯的底部去了，再也回不來。聽我的話，阿凱阿名城拉凱代蒙離這兒不遠。泰納若斯岬就在那城的邊界偏遠沒有人跡的地方，是冥府的通氣

---

[28] 塔塔若斯：幽冥世界最偏遠之地，「下界」最低下的地方，是希臘神話懲罰重罪犯的所在。

口，跨過那個開口就是活人止步的通道。從入口進去，妳就會看到一條筆直的路通往歐庫斯的宮殿。妳可不能兩手空空就入冥去。記得兩手拿著拌蜂蜜酒的大麥餅，嘴巴含著兩枚錢幣。走上妳的死亡之旅相當的路程之後，妳會遇見一頭跛腳的驢子運載木頭，驢伕也是跛腳，他會要求妳揀給他從驢背掉落的樹枝。但是，妳一句話也不能說，跟他擦身而過必須默不作聲。接著妳很快就會抵達冥河岸，卡戎在那兒當場收費，以樹皮筏擺渡亡魂前往對岸。即使在死人的世界，貪婪照樣橫行；卡戎沒有酬勞是不辦事的，即使是在陰間當家作主的大神也一樣；奄奄一息的可憐人一定要準備過路費，除非手頭有現成的錢幣，否則沒有人會讓他嚥下最後一口氣。妳一定要從隨身攜帶的錢幣當中付出一個給那髒老頭當船資。不過，切記，一定要讓他親手從妳的嘴巴拿去。同樣的情形，妳橫渡水速遲緩的河流時，會有一個死人漂浮在河面，高舉臭手祈求妳拉他上船。千萬不能有婦人之仁，因為憐憫不合法。渡河之後，再走一小段路，有幾個年老的紡織女，她們在織網，她們會要求借妳的一雙手幫個小忙。可是妳千萬不能碰那張網，那是絕對禁止的。這一切都是維納斯設計對付妳的陷阱，前頭還有更多，無非是讓妳掉落手中至少一塊餅，稍不小心就後患無窮。可別以為掉一塊大麥餅是無關痛癢的小事：即使是只掉一塊，妳就再也看不到白日的光了，因為有一隻巨無霸的狗，一個身子長出三顆大頭顱，野性嚇人，吠聲像雷鳴，就是要嚇唬死人——說是嚇唬，因為人死了就沒什麼好傷害的了。牠虛張聲勢，不眠不休守在普羅瑟頻娜的陰森殿入口的地方，保衛空蕩蕩的冥府。妳只要用一塊麥餅作誘餌牽制他，很容易就可以擺平，就可以直接走到普羅瑟頻娜面前。她會客

氣又和藹接待妳，邀妳坐下，請妳吃一頓大餐。不過妳一定要坐在地上，要求粗麵包吃。說明來意並接過她給妳的東西之後，回程就用妳剩下的那塊餅籠絡冥狗的兇殘性。然後把妳保留的那一個錢幣付給那個貪心的渡夫，上船渡河，循原路走，直到妳再度看見天上繁星閃爍的世界。最重要的是，我要特別告誡妳，千萬不能打開或探看妳手上拿的盒子，對於天界的美容秘寶不要存好奇心。」

　　就這樣，遠視界的塔展現預言的本事。賽姬隨即準備錢幣和大麥餅，立刻啟程前往泰納若斯岬，直奔通往下界的幽冥路，默不作聲跟跛腳的驢夫錯身而過，付船資給渡夫，對浮屍的懇求聽若無聞，對紡織婦狡詐的要求嗤之以鼻，拿出一塊麥餅餵惡犬哄他的兇性，進入普羅瑟頻娜的宮殿。雖然東道主擺出華座盛饌，她視若無睹，卻坐在她腳邊的地上，吃普通的麵包果腹，然後說明維納斯託付的任務。轉眼間盒子已裝滿又密封，賽姬接過手。她用第二塊餅收伏犬吠，付出第二個錢幣給渡夫，加快速度跑出下界。她回到陽光普照的世界，歡欣鼓舞免不了對它頂禮膜拜一番。

　　雖然急於交差，她卻克制不了鹵莽的好奇。她心想：「神界的美容聖品就在手上，如果不趁機拿一點出來試用，豈不是傻瓜？或許還可以討我那俊美的愛人看了歡喜。」說著，她打開盒子。可是裡頭根本沒有什麼美容用品，有的只是瞌睡蟲——跟死亡沒兩樣，貨真價實是怨恨河的瞌睡蟲。蓋子一揭開，瞌睡蟲立刻飛出來襲擊賽姬，把她整個身體裏在濃密的休雲眠霧中。她當場癱瘓在路上，睡眠徹底把她征服了。她躺在那裡動也不動，差不多就是一具睡屍。

〔喜團圓〕

話說丘比德已經傷癒，完全康復了，因思念他心愛的賽姬而度日如年，難忍相思情，從囚禁他的臥室其高無比的窗戶開溜，出去追尋心上人。他的翅膀經過長期休養，元氣大增，飛速快了許多。他匆匆趕到賽姬的身邊，小心翼翼把瞌睡蟲趕回盒子裡牠原先待的地方，密封盒蓋。接著，他抽出一支不傷人的箭，輕觸賽姬，喚醒她，說：「小可憐的，妳又一次差點兒害死自己，都是好奇惹的禍。現在趕緊回去向我娘交差覆命，其他的由我來處理。」她的愛人說著，輕輕鼓翼騰空而去。賽姬急忙帶著普羅瑟頻娜的禮物去見維納斯。

這時候的丘比德，深受情火煎熬又擔心他母親暴躁的脾氣，因此重施故技。他穿越雲霄，直搗天界之巔，跪在周夫大神面前，求他作主。周夫擰他的臉頰，拉他的右手湊到自己的嘴唇，吻了他的手，這才回他話，說：「我的霸王孫，你太放肆了，目中無神，連對我也是沒大沒小。眾元素的法律和星球運行的軌道都是我在規範，你卻一再射傷我這顆心，使得我在塵世因為淫慾為患而蒙羞；你傷害我的英名，引誘我鬧出難堪的緋聞，傷風又敗俗，甚至害我違犯始皇法[29]；你使得我名譽掃地，不顧威儀偽裝成不堪入目的形相[30]，沒有人不知道我的莊嚴法相先後變形為蛇、火、野物、鳥類和畜類。話雖然這麼

---

[29] 始皇法：屋大維成為羅馬帝國第一任皇帝之後，為了糾正淫亂成習的社會風尚而提出道德重整政策，訂定嚴刑峻法。

[30] 奧維德《變形記》寫周夫為了計騙歐羅芭，不惜變形為牛，插入這麼一句按語：「威儀和情意搭配不來，這兩者無法共處。」

說，我向來寬厚為懷，更何況你是我這一雙手臂抱大的；你要求的，我都會辦到，只是你要當心有人壞心眼。還有，如果人世間有哪個清秀佳人，一定要記得讓她愛上我，算是回報我的恩典。」

他接著命令莫枯瑞烏斯，立刻宣布召開眾神大會，缺席的天界公民一律罰款一萬金幣。威嚇令一下，眾神不敢怠慢，馬上雲集天庭劇院。周夫高據寶座，宣布道：「各位都在繆思女神的神籍名冊登記有案，必定知道我一手帶大的這個青年。他血氣方熱，年少難免衝動，必須籠絡加以約束。我們聽膩了他私定終身的醜聞以及種種傷風敗俗的行為。我們一定要把握時機借力使力，利用婚姻的枷鎖牽制他熱情滿懷的頑性。他看上一個姑娘，奪走她的貞操，我們不妨成人之美，讓他擁有他的愛人，讓賽姬在他的臂彎盡情享受戀情直到永遠。」

他接著轉向維納斯，補充道：「事到如今，女兒，妳沒必要鎖眉頭，也犯不著擔心凡人媳婦使妳崇高的地位和家世蒙羞。我會設法使雙方門當戶對，讓這一椿婚事名正言順又不違背民法。」

他隨即命令莫枯瑞烏斯去把賽姬帶到天界。接著，他遞出一杯神食，說：「喝吧，賽姬，從此得永生。丘比德永遠不會離開妳的懷抱，妳們的婚姻將會天長地久。」

接著舉行盛大的婚宴。新郎斜倚長臥榻坐尊位，環手緊抱賽姬。周夫和他的配偶朱諾坐姿類似，然後是眾神按等級排序。牧人出身的酒僮為周夫斟神酒，酒神利柏為其餘諸神服務，火神伍爾坎努斯準備餐點。四季女神拿玫瑰和各色各樣的花裝點喜氣，美惠女神灑上香水，繆思女神的歌聲在天界迴響。阿波羅在一旁彈奏抱琴，維納斯

隨著美妙的旋律翩翩起舞。現場一派喜洋洋，羊人和小潘恩也吹笛湊熱鬧。

　　賽姬就這樣名正言順嫁給丘比德。時機成熟時，他們生下一個女兒，她的名字用凡人的語言叫做歡喜。

疏義

陰性心理的發展

諾伊曼藉阿普列烏斯的故事
闡明女性的深層心理

前言

　　我們疏通義理，並沒有依照阿普列烏斯的文本稱丘比德與賽姬，因為那樣的稱呼混雜了羅馬與希臘兩種成分，而是使用愛樂與賽姬這樣的稱呼，也就是把名字通通譯回希臘形態[31]。把眾神的名字改回希臘，這不是為了掉哲理書袋，那樣的作風特別不適合這一份文本。從文學觀點來看，在賽姬四周安插一批輕浮逗趣的晚期羅馬神，無疑為這故事添增幾分迷人的風采。可是我們疏通義理旨在強調神話母題，因此述及埃萊夫西斯密教，說黛美特應該是比說柯瑞絲來得恰當；同樣的道理，提到阿果斯的保護女神，希拉之稱總比朱諾順理成章[32]。關係更重大的是，在我們看來，跟大女神[33]形影不離的是阿芙羅狄特，而不是維納斯，而且在這一則神話故事中，賽姬的情人丈夫是強勢的元始神愛樂，而不是阿摩或丘比德[34]——後者甚至從上古時代的

---

[31] 羅馬成分：「丘比德」這個名字的意義，見注11。希臘成分：「愛樂」的意義，見注15；「賽姬」是希臘文psyche的擬人格，既是「靈魂」也是「蝴蝶」。

[32] 阿果斯：邁錫尼文明（公元前16-12世紀）的重鎮，位於希臘南部的伯羅奔尼撒半島西北部。另外一個順理成章的改稱是故事中稱冥后為普羅瑟頻娜，她的希臘名稱是珮塞佛妮。

[33] 大女神：母系社會所獨尊的女神。農業社會把土地視為女神的身體之後，大女神改稱大母神。後來父系社改尊男神，原本的大女神或大母神被收編成為父神的配偶或情婦。

[34] 「愛樂」即是「性愛」，羅馬人看出「性愛」包含肉體與精神兩個層次的意義，前者為「慾」而後者為「戀」，擬人化分別稱為丘比德和阿摩，此即我在《情慾幽林》引論所捻出

藝術作品就是以鬼靈精造型的有翼天使[35]廣為人知。

E.N.

的公式：愛樂＝阿摩＋丘比德。

[35] 諾伊曼以「有翼天使」（cherub）稱呼丘比德，意在言外指出愛樂背上那一對翅膀是希臘神
話受到中東影響的具體例子：兩河流域最早出現人獸（通常為獅、鷹或牛）複合動物再加上
一對翅膀的超自然生物，考古出土的最早圖像是公元前九世紀的瓶繪，即阿卡德語所稱的
karubu，職司把人的禱告傳達給神。

陰性心理的發展

〔美神蒙塵〕

　　愛樂與賽姬的故事分五個部份：開場白（美神蒙塵），死亡婚姻，主戲（包括愛樂園和追尋真愛），四苦役，喜團圓——我們將依照這樣的區分著手疏通義理。賽姬是美貌絕倫的公主，廣受崇拜宛若女神。男人忽視阿芙羅狄特的祭禮，轉而朝聖賽姬。阿芙羅狄特心生嫉妒，一發不可收拾，差遣她的兒子愛樂為她報復，使賽姬愛上「最惡劣的男人」，打算一勞永逸將她收拾。

　　賽姬集眾美於一身，卻沒人愛。為了幫她找個丈夫，她父親專程請示神諭，得到令人毛骨悚然的答覆：

　　　　高山斷崖遺閨女，

　　　　　靈袍柩衣穿上身；

　　　　凡胎夫婿不可期，

　　　　　猛龍傳種伴餘生。

　　　　野物噴火凌空走，

　　　　　周夫遭遇得禮讓；

揮劍收割無敵手，

　　陰森冥河大驚慌[36]。

　　這一對不幸的父母遵照神諭的指示，遺棄賽姬，任由她跟妖怪舉行死亡婚禮[37]。萬萬想不到的是，賽姬沒有遇害；她被西風神帶走，從此跟肉眼看不見的丈夫愛樂一起過著極樂的生活，因為後者看上她，選為妻子。可是她的姊姊心生羨慕，闖進賽姬和愛樂的這個仙境。雖然愛樂警告在先，賽姬還是聽了姊姊的話，決定讓他來個措手不及，在夜晚殺死妖怪（她的姊姊就是把她的丈夫說成這副德性）。在接下來的部份，賽姬違抗愛樂的誡令，藉手中的燈火端詳他。她認出愛樂是神，可是熱騰騰的油滴燙傷他，把他驚醒，於是，正如他先前的警告，她就在那同一個時間失去了他。隨後就是賽姬尋找失散的心上人，力敵阿芙羅狄特的憤怒，執行這女神用來為難她的苦役。這一場鬥爭以賽姬落敗收場，她打開珮塞佛妮的盒子，沉沉入睡無異於死亡。在煞尾的章節，賽姬因愛樂而得以超渡，被接引上奧林帕斯山，成為他永生的妻子。

　　故事從賽姬和阿芙羅狄特的衝突開始。賽姬的美貌如此出眾，竟至於被當成女神受到崇拜。人間流傳「出身湛藍深海而誕生於飛沫浪

---

[36] 周夫即希臘神話的宙斯。神諭所述妖魔（＝「野物」）種種，是以隱喻的筆法描述弓箭在手所向無敵又無法無天的愛樂。猛龍傳種：影射愛樂出自母系單性生殖的身世，因為龍即蛇（小龍為蛇，大蛇為龍），蛇是母系社會共通的圖騰動物。火：情火。劍：情劍。大驚慌：地震。最後四行寫愛樂上天下地橫衝直撞如入無人之地，參見索福克里斯的希臘悲劇《安蒂岡妮》781-800〈愛樂頌〉。

[37] 河伯娶婦即是國人所熟悉的死亡婚禮。希臘悲劇《安蒂岡妮》中安蒂岡妮以待嫁娘的身分被處死，她臨刑前與歌舞隊進行悲歌對唱（801-943）的主題即是身為「死亡新娘」的身分。

花的女神已經不屑向全世界顯靈，如今居住在世間人群當中」。更使這女神覺得受到冒犯的是象徵意義無比深刻的這個信念：「天降新鮮的生殖露，不是滴在海洋，而是落在陸地，冒出第二個維納斯，天生麗質花正開。」按這個新奇的信念，賽姬不再是阿芙羅狄特的化身，而化身之說畢竟是想像中這女神還有可能容忍的想法；她成為「第二個維納斯」，新近才產生而且新近才出世。毫無疑問，這一個「新的信念」影射阿芙羅狄特的誕生：根據神話，她是從天父烏拉諾斯被閹割的生殖器掉落海中給創造出來的。對比之下，賽姬這位「新阿芙羅狄特」被認為是由於天界的生殖露滴落，陸地受孕所生[38]。

　　此一「新信念」並非強作解人所致，而是觸及這一則神話故事的核心，這在後續的討論中將會變清晰。故事以賽姬和阿芙羅狄特的衝突揭開序幕顯示這個信念是中心母題。

　　賽姬的誕生是人類歷史的一個重大事件，從男人對阿芙羅狄特的關係發生劇變即可明白。它不早不晚正對應上古末年在地中海世界破長空廣迴響的呼聲「潘恩大神死囉[39]！」「許多凡人不辭路途遙遠，

---

[38] 生殖露，一如愛神誕生的神話所稱的「血滴」，其實就是現代所稱的精液。歐洲一直到十八世紀還是視精液為血。按希臘神話所述，從天父落在陸地的「血滴」生出來的是復仇女神（這是男神單性生殖之例），如今同一個受孕途所生的凡間女子卻是帶來洋洋喜氣的「新愛神」，有別於「舊愛神」阿芙羅狄特帶給天上人間無數的暴力因由：賽姬的誕生帶來身體美學的典範轉移，「愛情」將取代「愛性」成為性吸引力的終極動力。這個典故不著痕跡把阿芙羅狄特和復仇女神劃上等號，世人創造新愛神以因應阿芙羅狄特淪為「復仇女神」——職司報復情仇。

[39] 文學教授Epitherses搭船前往義大利，船上載滿商品和乘客。船在薄暮時分行經Echinades群島，風停了，船飄流到Paxi附近。當時船上的人幾乎都是清醒的，許多人甚至還沒有喝完餐後酒，突然從Paxi島傳來大聲呼叫Thamous的聲音，大家都給嚇著了。Thamous是舵手，埃及人，只有少數船上乘客知道他的名字。叫了兩聲都沒人應答，第三次他回答了，於是叫喊聲音更大了，說：「你到達Palodes時，宣佈說潘恩大神死了。」大家聽了驚駭不已，彼此商量到底是要依令行事，或者是不管閒事隨它去。Thamous打定主意，只要有微風，他就把船開過去，什麼話也不說，如果風平浪靜，他就把聽到的話傳出去。就這樣，他到達

翻高山又越深海，成群結隊來觀賞既是奇蹟又是榮耀的人間勝景。不再有人像以往那樣，航海前往帕佛斯或科尼多斯，甚至也不再有人前往她當年從海洋登陸的庫泰拉瞻仰。她的祭典一延再延，她的神廟殘破傾頹，她的聖座被人踐踏，她的儀式被人疏忽，她的神像不再有花圈，她的祭台荒廢蒙塵。男人祈禱的對象是個女孩子」。

阿芙羅狄特畢竟是具有「階級意識」的女神，她對這一切的反應是怒不可遏。她，「萬物受造的元始母神，一切元素的本根源頭」，竟然遭受這樣的待遇！她「傳揚天界」的聖名如今「橫遭拖拉在烏煙瘴氣的人世間穿梭」。她的虛榮心受傷，她這個善妒的女人渴望報復，想出最惡毒、最卑鄙的報復手段更是她的看家本領。她決心利用自己的兒子愛樂作為毀滅的工具。對她來說，天下大事莫大於競美爭榮。

處理這個局面所採取生動、世故的筆法，應該不至於誤導我們把這一段插曲看成一幅風俗畫[40]。這裡頭還有更深刻許多的意義。阿芙羅狄特和她兒子愛樂都是令人敬畏的強勢神，她以母愛深情懇求他，對他「張開兩片嘴唇，熱情長吻」。懷著任性、剛愎的意志，大母神和她那也是神的兒子情侶著手懲罰人的傲慢[41]，他們看凡人不過是

Palodes對岸，那兒無風無浪，他從船尾望向陸地，原原本本說出他聽到的話：「潘恩大神死囉！」他才說出口，就引起一陣哭天叫地，不是一個人，而是許多人。因為船上有許多見證人，這故事很快就在羅馬城內流傳，Thamous也蒙受羅馬皇帝提必略（14-37在位）召見。（Plutarch 5:419B-D; cf. Herodotus 2:145）

[40] 風俗畫（genre picture）：廣義指日常生活場面這個題材類型，狹義指畫家處理題材的方式。就後一義而言，各種主觀的屬性如戲劇、歷史、諷刺、說教、浪漫、感傷和宗教等成分都壓縮到最低限度，而專注於人物典型、服飾和環境的準確觀察以及色彩、形式與結構的美感。

[41] 傲慢（hybris）：古希臘文化的萬惡第一罪，用於指稱為人過度高傲自大，忘記凡人的身分，無視於人面對井然有序的宇宙理當懷有的謙卑。傲慢是希臘悲劇主角常見的悲劇肇因。

「烏煙瘴氣」。賽姬的故事是以希臘悲劇的類聚體[42]揭開序幕。

　　這一對永生的母子所展現光芒耀眼、惡性重大的美感，任誰讀這故事都不可能視若無睹。愛樂——這個師心自用，如假包換的「壞男孩」，弓箭在握連他自己的母親阿芙羅狄特和祖父宙斯也飽受威脅——被要求前去毀滅賽姬，就使用阿芙羅狄特和愛樂的武器，即愛情。這個公主必須「情苦為患愛上最惡劣的男人，……體弱多病、無財無德，世間找不出更卑賤、更悽慘的人」。這位權大勢大的女神，即大母神，她的元始形象散發巫術與法術的風采，包括把人變成獸的威力，展現她無可比擬的愛情法力，一個極其絕情而且真正沒心肝的女人所具備無恥閃爍入目來的姿態。她那只應天上有的美貌、所向無敵的虛榮以及一發就不可收拾的凌人盛氣，三合一又結合愛樂那輕率、調皮無可比擬的威力，把人逼進筆墨無法形容的悲慘狀態。接下來，阿芙羅狄特表明她的慾望，要看到這個可愛、待字閨中的人間女性一枝花死心塌地愛上醜陋無比、沒有人性的妖怪之後，她「踏出玫

---

[42] 類聚體（constellation）：諾伊曼用以指稱「心靈重力」（psychic gravitation）作用之下的原始心理現象。心靈重力現象是自我（ego）返回其初始的無意識狀態之傾向（Neumann 1954:280），此一現象「促使特定的無意識內容停留在無意識，而特定的意識內容轉變為無意識的固有慣性」。在這樣的原始階段，自我「仍未能獲得獨立，卻是一再回應心靈重力作用，潛返無意識或是像衛星一樣環繞著原型陰性」。諾伊曼緊接著說，「這類聚體可輕易了解，只要記住在心理學的意義上，初民相對而言是多麼近似動物。……在這個階段的生物，本能與驅力的決定性作用表明他們本質上係以種類的一部分而存在，或者用我們的術語來說，他們仍然完全受制於大母神的支配」（Neumann 1963:28）。有人把「類聚體」譯成「星座」，此一譯名可用於描述「牽繫」（見注118）這個心理作用（藉天文術語描述個體互動，彼此關係密切有如組成星座的眾星，各在相對的位置上遵循隱而不顯的規律），似乎不盡符合諾伊曼所稱的「心靈重力」作用。心靈類聚體另有不同的表現方式，諾伊曼稱作「陰性的『蛻變性格』」（transformative character of the Feminine），也跟陰性象徵有關：「在蛻變性格中，強調的是心靈的動力要素，此一要素與基本性格的保守傾向背道而馳，乃是朝活動、變化推進，一言以蔽之就是蛻變」（Neumann 1963:29）。《大母神》第十二至十五章即是申論分就大圓、植物娘娘、野物（即獸類）娘娘與精神領域探究蛻變性格。懷孕與生產即是陰性的蛻變性格之一端。

瑰足，凌浪花啟程前往鄰近波洗潮拍的海岸，起伏顛簸的深海波濤在
她腳下瞬間平靜如水晶。眾海神伺候她不敢怠慢，彷彿她老早就下令
他們在現場待命，雖然她實際上才剛剛興起這個願望。」隨後是五彩
繽紛賞心悅目的情景：阿芙羅狄特巡洋，聶柔斯的女兒們圍在四周合
唱，崔屯的孩子也不落後，一個輕吹海螺，另一個撐絲篷遮陽，第三
個持鏡舉在她的眼前。這是天界景象的序曲。

　　這時，在陸上，賽姬「雖然美貌出眾，卻享受不到隨美嬌容而
來的歡樂」。孤單單，沒有情人或丈夫，她開始怨恨「傾國傾城的容
貌」。她的父親懇求阿波羅神諭送個丈夫給她，接到的是我們都知道
的悽慘的答覆。

〔死亡婚姻〕

　　意義深刻的一章從這裡開始。「死亡婚姻」雖然在正戲的開場
白只是點到為止，卻是這個故事基本的神話場面所不可或缺。為這場
悲慘的婚禮而組成的行列，火炬無精打采，「被黑煙灰給阻塞了」，
「慶婚的笛樂旋律一變而為哀怨的呂底亞調」──這是死亡婚姻的母
系儀式，舉行的時機就在哀悼阿多尼斯之前[43]。它是遠古神話時代的

---

[43] 阿多尼斯的故事，見奧維德《變形記》10:298-739。奧維德無暇逑說的是，阿多尼斯死後，
宙斯允准他在每年春季回到陽間和維納斯／阿芙羅狄特團圓。冥神劫親的故事以穀物女神
母女團圓收煞（見注19），類似的結局足以說明阿多尼斯這位大母神的配偶之為植物神的
屬性。阿多尼斯其實是兩河流域所崇奉的化育之神，體現萬物欣欣向榮的生命活力，蘇美
神話稱作杜牧齊，是天后伊南娜的情人（見拙作《陰性追尋》頁110-26, 335-72）。紀念阿
多尼斯之死的節日稱為阿多尼斯節（Adonia），《舊約‧以西結書》8:18說一群婦女「正在
為塔模斯神的死而哭泣」，以及希臘喜劇《利西翠妲》389提到的'Αδωνιασμὸς（阿多尼斯輓
歌），都是指這個節日。在聖婚儀式（見注46）的場合，大女神的配偶／情侶被稱為「夫

殘跡，起死回生出現在晚期希臘化時代阿芙羅狄特的童話世界。

　　把新娘獻給死亡，「死亡與少女」這個遠古、元始的母題傳出迴響。我們在這個節骨眼辨識出陰性－母系心理的中心現象。

　　從母系世界的觀點來看，每一椿婚姻都是蔻蕊遇劫，荳蔻年華一處女遭逢摧花辣手，伸出魔掌的是哈得斯[44]，他代表有敵意的男性在世間豪奪強取的一面。從這個觀點，每一椿婚姻都是凡人形單影隻曝露在山巔，在那裡等待男性妖魔，那妖魔則是新娘委身的對象。新娘的面紗永遠是神秘的面紗，而婚姻即死亡婚姻乃是陰性秘儀的中心原型[45]。

　　不計其數的神話與故事記述命中注定的婚姻，少女成為獻給妖魔、惡龍、男巫或邪靈的犧牲品，這在女性刻骨銘心的經驗中也是一場聖婚[46]。這類事件對婦女來說無異於強暴，其特徵就是藉投射作用

　　君」，閃米特語作'adon（主，郎君），後來在西亞地區訛傳成人名。他的祭典從西亞經希臘傳到埃及，最後進入羅馬帝國。按弗雷澤《金枝》所述，祭典進行時，信徒將阿多尼斯的神像作屍體扮裝，丟入海中或泉源，有些地方還在次日慶祝這位神的重生。亞歷山卓有在臥榻分別展示的阿芙羅狄特和阿多尼斯的神像，旁邊擺滿了各式各樣成熟的水果、盆栽植物和綠意盎然、飾滿茴芹的花床（Frazer 346）。

[44]　蔻蕊：Kore，希臘文「少女」，珮塞佛妮被搶劫到陰間以前的別名，也是在她的豐饒祭禮所專用的稱呼。蔻蕊遇劫即冥神哈得斯劫親（見注19）。

[45]　密教的秘密儀式簡稱「秘儀」。陰性秘儀：本義為女人為了共同體會女性經驗而舉行的秘密儀式，後來擴大為不分男女但求共同體會陰性奧秘的秘密儀式。諾伊曼在《大母神》書中第二部分申論陰性包含善惡兩種基本性格，以及陰性包含大圓、植物娘娘、野物（即獸類）娘娘和精神蛻變四大蛻變性格。大而化之地說，母系社會以重生的神話為基礎的蛻變儀乃是陰性奧秘的核心。原型：諾伊曼在前揭書（7）定義為「『永不磨滅』的結構性概念」，又在《意識的起源與歷史》（xv）引榮格定義為「集體無意識的結構性要素」，又稱「元始意象」。分析心理學家則用於指稱世界各國神話與童話普見的母題，彷彿是遺傳的精神結構的一部分，因此也出現在個人的幻象、夢境、極度興奮與錯覺中，這些典型的意象和聯想即是原型。使用通俗的措詞可以這麼定義原型：人類經驗的精髓代代相傳，在夢境、神話與藝術作品隨處可見，成為我們觀察物象、理解事物與體驗人生所不可或缺的模式。

[46]　聖婚：神話與儀式中豐饒／生殖神的性關係，源於兩河流域的宗教信仰，是穀物農業社會的特色，每年至少一次由祭司作神的扮裝，舉行結婚儀式，藉實際的性交確保土性肥沃。烏魯

——母系階段的典型方式——對男人發洩敵意。舉例來說，達納俄斯的女兒除了一個例外，其餘四十九個都在新婚夜殺死丈夫[47]，用婦女抗拒婚姻和男性的父權宰制不足以解釋這罪行。這詮釋毫無疑問是對的，可是它只考慮發展到相當晚的最後一個階段。

女性的根本處境，就像我們在別個地方說明過的，是母女彼此認同的元始關係。因其如此，男性的求愛一無例外總是意味著離別。婚姻向來是一場秘儀，卻也是體驗死亡的秘儀。這是陽性和陰性與生俱來本質上的差異：正如母系社會所體認到的，婚姻對男性而言主要是劫持，是獲取——是強暴。

我們探討神話層與心理層深刻的意義，勢必要撇開男女關係所依附的文化發展與文化形態，回溯到他們從事性接觸的元始現象。不難看出這種接觸的要義對陽性與陰性而言是而且必定是大不相同。陽性所求的侵犯、勝利、強暴和慾望的滿足——我們只要看看動物世界並且鼓起勇氣也來辨識男人的這個層次——對陰性來說卻是定命、蛻變和生命最刻骨銘心的奧秘。

說來並不意外，少女的中心象徵是花，花的自然美使男人賞心悅目，圓房、失貞稱作「開苞」或「摧花」意義尤其重大。凱瑞尼

克出土的瓶繪有公元前四千年的聖婚情景，但後來文獻所見都是伊南娜和杜牧齊——即阿卡德史詩《吉爾格美旭》提到的伊絮塔和塔牧茲——的婚禮。榮格賦予此一術語原型的意義，舉凡原型人物的結合都是聖婚，例如將基督和教會視為新郎與新娘以及西藏密宗雙運大樂母題。詳見拙著《陰性追尋》頁126-48。

[47] 埃吉普托斯和達納俄斯兩兄弟各有五十個兒子和女兒，彼此有意聯姻結盟。達納俄斯得到神諭警告，說他將死於某個女婿之手，於是帶著女兒逃到阿果斯，成為當地的君王。她們的堂兄弟集體追蹤而至，率軍兵臨城下。達納俄斯迫於無奈而答應婚事，卻交給女兒一人一枝銳利的扣針，命令她們在新婚夜殺死枕邊人。除了許珮涅絲翠抗命，其中四十九人都達成父親交代的任務。

（Kerényi）在詮釋珮塞佛妮時業已指出少女蔻蕊之死以及生死兩界在陰間入口處游移不定的狀態[48]。我們的目的是從心理學觀點澄清這一筆神話資料。對女性來說，「開苞」或「摧花」之舉代表結束與起始之間，也就是停止自己的生存與進入真實的人生之間，一個真正神秘的聯結。同時經驗少女、婦女和初為人母三種身分，在這蛻變中含悲忍苦體嚐她自己的存在：這是婦女獨有的經驗，而且僅限於人生的這個原型背景仍然對婦女開放的那一段期間。這個過程最初使男性感受到靈氣充沛的震懾作用，而且完全無法理解，理由不言自明。許多地方因此一直都有濃縮私密生活的情境當作儀式活動[49]。

　　女人在原始的條件下多麼快就蒼老，有生育能力的母親由於工作辛勞而多麼快就體衰憔悴，一旦考慮到這情形，那麼從少女鮮花轉變成果實母親的過渡期在女性的生命中有多關鍵就顯得特別清楚了。正如經常發生的情況，無憂無慮的青春緊接著成人與婚姻處處受限又馬虎不得的生活，這使得從女孩轉變成婦女總是更令人感到刻骨銘心。

　　可以有爭辯餘地的是，原始社會由於無拘無束而且稀鬆平常的性遊戲，無疑常有摧花之事，結果是我們似乎有意強調的「結婚」這個因素就算不至於完全牛頭不對馬嘴，也是過度誇張。可是就像我們已經指出的，說到「結婚」，我們心中浮現的是一個原型或原型經驗，而不只是生理機能發生的事。死亡婚姻的初發境遇的經驗或許符合第一次真正的圓房，即開苞，可是不見得需要，不見得比分娩的初發情

---

[48] 〔原注〕Kerényi , "The Psychological Aspects of the Kore," in Jung and Kerényi, *Essays on a Science of Mythology.*〔見引用書目。〕

[49] 埃萊夫西斯密教（見注19）的大秘儀顯靈儀式即是一例，見拙作《陰性追尋》頁195-8。

境更需要符合實際的分娩。的確，不計其數的婦女完婚或從事分娩的動作並沒有——說來意外，像我們常在現代婦女觀察到的——經歷相對應的「經驗」，可是這並沒有排除婚姻境遇即是原型與女性心靈現實的中心喻象。神話向來都是這一類關鍵性人生境遇的無意識呈現，而神話之所以對我們意義重大，理由之一是我們能夠在尚未被意識給模糊的這些告白中解讀出人類真正的經驗。

詩在其最精純的形式中由於此一神話之類的意象而意趣無窮，它可能以母題或套式的形態揭露神話的微言大義，一旦有哪一首詩觸及在神話故事中回響的同一個元始旋律，我們的神話詮釋得到肯定，那就值得大喜特喜。德國詩人里爾克（1875-1926）的〈阿珥凱絲緹絲〉就是這樣，詩人探討之深入遠遠超過夫妻情這個母題，直達死亡婚姻的元始層。

按大家熟悉的故事，眾神特准阿德梅托斯付錢找別人替死。臨到他死亡的時辰，他的母親、父親和朋友都不願意為了他而放棄自己的性命，可是他的妻子阿珥凱絲緹絲，這個荷馬所稱的「聖女」，因她的夫妻情而備受讚揚的這個妻子，心甘情願受死。一如埃及的伊希絲悲悼歐希瑞斯[50]，在父系社會的希臘古典時期，阿珥凱絲緹絲是「好妻子」，她的死亡襯托出她那獨享父權的家長丈夫的狼狽相，他憑其

---

[50] 伊希絲是埃及神話最知名的女神，頭上頂太陽和牛角為其獨有的造形，神像基座有這樣的銘文：「我是現在、既往與未來三相如一。我的面紗不曾被掀開。我生的果實是太陽。」對她的崇拜在亞歷山大時期傳入希臘，而後在羅馬共和末年傳遍地中海世界。她和歐希瑞斯姊弟聯姻，後者遭另一個弟弟嫉妒被殺，分屍肢解十四塊遍撒埃及，伊希絲千里尋屍，拼出全屍（除了生殖器被魚吃掉），加以埋葬。眾神受了感動，使歐希瑞斯復活成為冥神，他死而復活被認為和尼羅河的定期氾濫有關，因此和尼羅河流域的作物收成有關。諾伊曼在《大母神》頁189寫道：肢解，一如血祭，「是大母神的生育儀式」，是為了「使大地的子宮受孕」。

權勢強求在先，然後接受妻子為他所做的犧牲。只有在考慮到連尤瑞匹底斯也認為男人生命之可貴遠非女人所能相提並論的情況下，她的死亡才能為我們所理解[51]。

可是在里爾克的詩別有不同，只因為詩人憑其神話直覺把背景設定在舉行婚禮的當天：

……走過來的是她，

比他想像的還要矮一些，

蒼白的結婚禮服襯托她苗條又傷心。

其餘眾人只是她的一條窄通道，

她踏上去往前走——（很快她就會

進入他現在含悲張開的手臂）。

他等著，她卻開口，不是對他，

而是對傾聽她說話的神，

其他人只有透過死神才聽得到。

---

[51] 〔原注〕Rose, *A Handbook of Greek Mythology*, p. 141.〔中譯注〕阿珥凱絲緹絲為丈夫阿德梅托斯替死的神話，無疑反映女人在父權社會淪為第二性的現實，可是從諾伊曼此處所述尤瑞匹底斯的悲劇《阿珥凱絲緹絲》推論尤瑞匹底斯本人對兩性關係的立場，恐怕大有商榷的餘地。只就一事而論，這一部作品並不是正統的悲劇：它在公元前438年演出時，是出現在講究嬉鬧的羊人劇的時機，但其體裁與風格又與羊人劇不合。同時我們不該忽略詩人改變神話原貌的用心：古老的神話版本——一如下文將討論的里爾克的詩——把故事安排在婚禮當天，尤瑞匹底斯卻改為婚後多年，而且一再強調阿德梅托斯的善行義舉（Harsh 163-4）。更何況尤瑞匹底斯素以揭發父權社會問題叢生的婚姻倫理見長。這樣的詮釋或許比較允當：尤瑞匹底斯存心把阿德梅托斯刻畫成「感覺遲鈍而且自私——是無意識的，就像易卜生《玩偶家族》劇中的托瓦爾‧海爾默。尤瑞匹底斯展現他一貫的作風，揭露這一則神話的弱點，那個弱點也正是阿德梅托斯性格上的缺陷」（Grant 227）。然而，值得注意的是，諾伊曼看出這個神話故事的原始版本反映死亡婚姻的母題。

「沒有人能夠代替他，除了我。

我為他償命。沒有人站在盡頭

像我現在這樣。比起以前，現在的我

算什麼？什麼也不是，除非我死。

她下達死亡令難道沒有告訴你[52]

在裡面等著我們的新婚床

屬於陰間？我已道別，

道別之後還是道別。

臨死的人不可能有更堅決的道別。

我嫁給

埋葬在我丈夫底下

將漂流、蒸餾、分解的那一切。

帶我走吧，我決心為他而死[53]。」

　　乍讀不免覺得里爾克利用詩人特權做出武斷的詮釋，可是細加考慮就會發現，詩有奧妙的章法和講求美感的根柢，創作的自由絕非武斷。現代學者的研究已明確指出阿珥凱絲緹絲有一些祭禮，而且她原本是女神[54]。只要明白下述的事實，即可理解這首現代詩與這神話故事的死亡新娘母題兩者完全吻合：阿珥凱絲緹絲這位女神就是寇蕊—

---

[52] 她：狩獵女神阿特密絲（羅馬神話稱黛安娜）。阿珥凱絲緹絲的父親為女兒的求婚者所訂的條件是馴服一頭獅子和一頭野牛。阿德梅托斯獲勝，卻在結婚日忘記向雅特密絲獻牲祭拜，女神因此要他償命。

[53] 〔英譯注〕Emily Chisholm英譯Rilke, "Alcestis"（未出版）。

[54] 〔原注〕Philippson, *Thessalische Mythologie*, p. 88.

珮塞佛妮，是死亡與陰間女神，她的丈夫阿德梅托斯則原本是不屈不撓的哈得斯本身[55]，而且她屬於在希臘元始時代獨當一面的母系社會菲瑞大女神那個團體[56]。阿珥凱絲緹絲女神成為「英雌」，她的神界丈夫則成為凡界人君阿德梅托斯，這不過是歷史發展過程才出現的情形，是續發人格化的一個典型例子，即初始的原型要素迭遭縮減，最後化約到個人的層面。

里爾克無疑是從這人格化了的形態理解這一則神話故事。可是他到底做了什麼事？或者說，他怎麼啦？對他來說，阿珥凱絲緹絲轉化成新娘。尤有甚者，她變成死亡新娘，也就是蔻蕊－珮塞佛妮；在她內心搬演的那驚心動魄的一幕則超越了個人的領域，超越她的丈夫，即阿德梅托斯王。這幕戲一變而為她和神的對話，而這位神不是別的，就是死亡之神，亦即陰間的阿德梅托斯，也就是她原本的丈夫。這個神話類聚體，隨著時代的變遷而層層積澱，如今在詩中重現原有的旨趣。詩魂意象甩脫了時間和人類歷史強加其上的偽裝，因此從神話的元始源泉以其原本的形態再度顯現。

在以尤茹狄珂為題的詩中，里爾克探索死亡與少女的母題又另出機杼。尤茹狄珂來自死亡；奧斐斯入冥尋妻，要帶她返陽還魂，可是在她真正的生命本體，她的閨女狀態，她的「蓓蕾情懷」（"budlikeness"），

---

[55] 〔原注〕前揭書p. 85.〔中譯注〕哈得斯即冥神，也代稱陰間（＝下界，這是早自蘇美神話即有的同義用法）。

[56] 菲瑞：阿德梅托斯和阿珥凱絲緹絲的故鄉，位於希臘東北邊疆（夾在北方的馬其頓和南方的愛琴海之間）的色薩利境內。色薩利在公元前2500年是新石器文化的中心，曾在公元前六世紀控制希臘北部各城邦，自古由於環境閉塞與民情殊異，向來遠離我們所熟悉的希臘主流社會。該地除了是人馬怪（Centaurs）的故鄉，也是希臘神話常見的背景。按傳統說法，阿凱俄斯（Achaeans，波羅奔尼撒半島北部林科林斯灣的主要居民，在荷馬史詩中是組成希臘聯軍的三大族群之一）從色薩利移民到克里特島以及希臘其餘地區，從而奠定希臘文明的基礎。

就像凱瑞尼說的，也因此在她不可侵犯的「內在自我」，她已經屬於
死亡的完美：

> 她躲在自己裡面走著。死亡的狀態
>
> 充塞她甚至斟於圓滿。
>
> 像果實滿懷甜蜜與黑暗，
>
> 她滿懷自己的大死亡，如此新奇
>
> 她一時還沒能心領神會。

> 她已獲得新的童貞
>
> 因此不可觸摸；她的性已經封閉
>
> 如鮮花封閉在向晚時分，
>
> 她一雙蒼白的手嫌棄婚禮
>
> 竟連這纖細的神
>
> 牽引她以輕柔無止境的接觸
>
> 也因為太親密而惹反感[57]。

就這樣，少女的死亡婚姻的原型功效從實施母系制度的史前時代，透
過少女的儀式性犧牲和婚姻的儀式性圓房，延展到現代時期。死亡婚
姻也因此在賽姬的故事佔據中心位置，雖然乍看似乎只是呈現阿芙羅

---

[57] 〔英譯注〕引自 "Orpheus. Eurydice. Hermes"（Leishman英譯頁43）。〔中譯注〕關於奧斐
斯與尤茹狄珂的故事，見奧維德《變形記》10.1-63。里爾克的這首詩寫尤茹狄珂在神使赫
梅斯的護送下，跟隨奧斐斯返回陽世的途中，此處所引在接近結尾處，其中提到「纖細的
神」即是赫梅斯，其職責之一是護送亡魂，不過通常是由陽歸陰。

狄特的報復。

如果我們只考慮賽姬「心思單純」，那麼說來夠奇怪，而且無從理解，她對於自己遭受的裁決所作源自無意識的回應竟然深刻吻合面臨此一死亡情境的陰性秘儀。她的反應不是像陽性自我在類似的情境時必然採取的掙扎、提出異議、不服氣、抗拒，而是恰恰相反，她接受自己的命運。她的確具有透視未來的洞察力，察覺到眼前發生的事有潛在的意義，這是這個故事中暗示這個意義為人類角色所知悉的孤例。她是這麼答覆的：「列國萬民給我天神的美譽，他們齊聲歡呼我是新阿芙羅狄特，那時候你們就該為我傷心，為我哭泣哀悼，把我當死去的人。」她坦然承擔傲慢罪（當然是全人類的，而不是她個人，不是她的自我）及其懲罰，宣稱她已有作犧牲的心理準備：「我迫不及待要迎接那一場有福氣的結合，我迫不及待要見識我那名門出身的丈夫，他在等我。我幹嘛推拖閃躲？他生來不就是要蹂躪這整個世界的嗎？」就這樣，賽姬被哀悼的人群和她的雙親遺棄在孤峰斷崖，轉眼間哭聲不復可聞。

接下來是逆轉，是驚奇，也就是這故事乍讀之下給人印象最深的一段插曲。這是第三個階段：賽姬在愛樂的樂園。

〔無明樂園〕

這一場婚姻以飽含神話光采的死亡婚姻揭開序幕，送進洞房卻安排在年代晚得多而為我們所熟悉的《天方夜譚》背景。這場景簡直是散發洛可可風格的輕巧纖柔。「夜深，一陣輕聲細響傳入她耳中。孤

伶伶一個人,她害怕自己名節不保;她發抖打顫,對於自己身處的情
況一無所知,這種恐懼遠超過她設想的一切危難。她那不為人知的丈
夫終於來了,爬上床,使賽姬成為他的新娘,又趕在天色破曉前匆匆
離去。」

很快地,「起先覺得奇怪的事由於習慣成自然而有了歡樂,各式
各樣的聲響把她的孤單和憂慮一掃而空。」就在這之後沒多久,她聲
明:「我寧可死一百次也不願意被剝奪你甜蜜蜜的愛。不管你是什麼
人,我愛你,熱情仰慕你。我愛你就像愛生命。跟你比起來,愛樂本
身也不算什麼。」可是她在呢喃「老公甜如蜜」和「賽姬的生命和愛
心」時的超脫是一種無明超脫[58]。那是無知又盲目的狀態,因為只能
感覺和聽見她的情人,而賽姬竟然心滿意足,也許是似乎心滿意足,
她就這樣生活在樂園福地。

可是每個樂園都有蛇,因此賽姬夜夜銷魂的日子不可能永遠持
續。闖入者,亦即(這個樂園的)蛇,由賽姬的兩個姊姊代表,她們
的侵襲帶來浩劫,結果也是被驅逐離開樂園。在這節骨眼我們似乎應
該會看到羨慕生嫉妒的姊姊這個單純且熟悉的童話故事母題。可是分

---

[58] 無明超脫:ecatasy of darkness,直譯「黑暗狀態的超脫」,一語雙關,兼指物理意義上的
「黑暗」和意識狀態的「無明」。超脫:ecstasy,領悟個人體驗到真諦奧義的身心狀態,其
心理表徵為為出神忘我,伴隨精神恍惚、呼吸減緩甚至感官麻木等生理現象,這種心醉神迷
的忘形境界是神秘主義修行的最高目標。出神則忘形,忘形即超脫形體,唯有超脫形體始能
臻於化境,正是布格羅(William Bouguereau, 1825-1905)的油畫《賽姬與丘比德》(Psyche
et l'Amour, 1889, Hobart Art Gallery)所呈現靈慾一體的意境。按基督教奧秘學的用語,超脫
特指在心靈中見到上帝,或感到自己與上帝靈交融為一體的經驗,如但丁《神曲・天堂篇》
最後一章所描述的。此一神秘經驗在現實層面的意義,可見於傑克・倫敦《野性的呼喚》第
三章的一段描寫:「有一種標示生命臻於顛峰的超脫,那是不可能超越的生命境界。人生的
矛盾竟有至於此者:人就是在生命力最活躍的時刻體會到這樣的超脫,而且是在渾然忘我之
際有所體會」。至於把「超脫」視同感官層面的rapture(陶醉),就像以ecstasy稱搖頭丸、
愛的小丸子及其續發的亢奮與迷幻等恍惚狀態(trance),那是沒有意境可言的無明超脫。

析顯示童話母題一點也不單純，其實還包含了許多不同的積層，意義極其深遠。

　　雖然愛樂迫切警告，賽姬還是跟她的姊姊見了面。她們心生嫉妒，共謀要破壞她的幸福。她們挑選的方法又是呼應一個普遍的母題，因為重點不在於謀殺賽姬的丈夫，而是在於賽姬被說服去打破禁忌，去照亮隱藏的秘密：以這例子而論，就是端詳她的丈夫。因為這是賽姬那不露面的丈夫強要她遵守的禁令；她不許看他，她不可以知道「他是誰」。這是屢見不鮮的「絕對不許質疑我」，不許進入「封閉的房間」的命令，賽姬一旦擅闖禁地就是踏上窮途末路。

　　這兩個姊姊個性如何？她們對於鋪陳賽姬的故事有何意義？諸如此類表面的、個人的、童話的特點，我們權且擱置；我們要辨明的是隱而不顯的內涵。

　　這兩個姊姊照理說應該是婚姻幸福，實際上卻是對丈夫恨之入骨，這可以從她們的騰騰怒火看出來；她們在任何情況都可以隨時棄丈夫而去。她們的婚姻是父系社會奴隸制度的象徵，我們所稱「女性在父權社會形同奴隸」的典型事例。她們被「交給番邦國王當他們的貼身丫環」。一個把丈夫形容為比她的父親年老，「禿頭比南瓜更光溜，隨便一個小孩也不會比他更弱不禁風」，因此大大小小的事她都得代理女兒的角色。另一個也半斤八兩，是病患看護。這兩個姊姊都有強烈的恨男心理，我們可以不帶武斷地說她們代表母系社會典型的立場。

　　這個論點不難釐清。羨慕這個顯而易見的母題在整個情境中雖然不容忽視，我們萬萬不能把它當作兩個姊妹最重要的品性。她們恨男

的母系心態最明顯的癥候是她們口中賽姬丈夫的模樣。

這兩個姊姊說到「毒蛇臭氣嗆鼻的擁抱」，說這野物會把賽姬
和她的孩子吞下肚——因為賽姬現在懷孕了——這時候她們傳達的不
只是女人在性方面得不到滿足的羨慕之情。她們的毀謗——因為她們
說實情卻流露不懷好意的誤解——源自因母系心靈受到侵犯與侮辱而
產生的性厭惡。兩個姊姊順利掀啟賽姬本人這恨男的母系心理層。她
發覺自己進退維谷，就表現在這簡單的一句話：「在這同一個身體，
她討厭野物又喜愛丈夫」。兩個姊姊給賽姬的建議不是逃離素昧平
生的丈夫，而是拿刀殺他然後斬他的頭，這是閹割被提升到精神領
域的遠古象徵。這一來，故事跟母系社會和殘殺男人的達納俄斯諸女
兩者原已明顯不過的關係更為緊密。有敵意的男性，女人是男人野物
（man-beast）的受害人，謀殺進而閹割男人是母系社會自衛或宰制
的象徵——賽姬怎麼會有這些觀念？這些觀念在賽姬的發展神話中到
底有何意義與目的？

這兩個姊姊屬於恨男的母系社會，她們的所作所為強烈對比賽
姬的溫馴奉獻與謙卑自持，她一直都是完完全全委身於愛樂的性束縛
——事實就是這樣。兩個姊姊的現身打破了阿普列烏斯描繪得如此多
采多姿的感官歡樂園的現狀。在我們的詮釋中，姊姊的角色具體代表
賽姬本人被壓抑或完全無意識的母系傾向，她們的侵襲在她心裡產生
衝突。就心理學觀點而論，兩個姊姊是賽姬的「陰影」面[59]，複數形
態顯示她們深入到超個人的層面。

---

[59] 陰影：榮格用於指稱一個人內在世界的黑暗面或受壓抑的部分，潛藏在人格面具的背後，是人
格中一切負面特質的總合。拙作《陰性追尋》頁110-26可以看到蘇美神話如何表述陰影人格。

　　兩個姊姊的現身第一次給了賽姬某種程度的獨立。突然間她明白自己與愛樂共處的存在狀態形同「豪華的監獄」，因而渴望有人作伴。她到目前為止一直漂浮在無意識超脫狀態的水流中，可是現在明白她的感官樂園如幽靈般不真實，因此開始在跟她的情侶接觸時理解到自己身為女人的處境。她開始演「戲」，使用「酥骨軟語」設陷阱引誘當初對她設陷阱的引誘者。

　　要想了解冒出這兩個「陰影姊姊」的真正作用與意義，我們一定要全面忽略表面的詭計。說來或許矛盾，這兩個姊姊代表決定賽姬整個後續發展的陰性意識的一面，要是少了這樣的一個特性，她的未來會大不相同，也就是發展不出陰性心理。兩個姊姊處心積慮反抗男性又謀害人命雖然是負面的形態，她們的騷動卻具體表現女性抗拒賽姬的處境與態度的天性，這是更高級的陰性意識的發軔。並不是說兩個姊姊代表這個意識，她們畢竟只是這個意識的陰影——也就是負面的——先兆。實情是，如果說賽姬成功達到這個更高級的層次，那只是因為她開始讓自己順從兩個姊姊負面的指示。唯有打破愛樂強加給她的禁忌，唯有回應兩個姊姊的引誘，她才可能挺身對抗愛樂，而愛樂，正如稍後會說明的，乃是她自己賴以成長的基礎。就如同《聖經》的插曲所看到的，注意到蛇導致人被逐出樂園，繼而導致更高級的意識[60]。

　　愛樂的感官樂園固然令人陶醉，那樣的存在不是使人無法忍受嗎？那不是盲目的狀態嗎，雖然熱情洋溢，卻無異於奴隸狀態？難道

---

[60] 關於諾伊曼此處引證《舊約‧創世記》的失樂園典故，參見拙譯《情慾幽林》引論〈千面女神說從頭〉，雖然筆者所論僅限於性意識的覺醒。

不是陰性自體[61]意識——一如女性的母系心態——必須反駁，必須提出兩個姊姊所提的一切論據加以反駁的對象嗎？賽姬的存在根本是一種非存在[62]，只緣身在無明中，陶醉在性感官之歡，可以恰如其分形容為被魔神——妖怪——給吞噬[63]。愛樂散發肉眼看不見的魅力，怎麼看都是兩個姊姊所引述阿波羅神諭描述的對象，而賽姬也確實是他的受害人[64]。

---

[61] 自體：self，榮格用於指稱原型的中心，是人格的整體。「自體不僅是個中心，而且是一個包含意識和無意識的圓圈；它是這個整體的中心，正如自我（ego）是意識思維的中心」（Jung 1997:467）。有別於「自我」是一個人的意識主體，「自體」是相對於客體世界的心理主體。

[62] 存在：一般用法指涉在艱困條件下的生活方式，但在哲學論述與分析心理學的用語中特指涉及選擇的自由以及後果的承擔等主體經驗。說「賽姬的存在根本是一種非存在」，意指身在愛樂園的她沒有選擇的自由，因此也沒有後果需要承擔。易卜生的《海洋女兒》就是描寫對愛情充滿浪漫幻想的艾梨姐，如何從「非存在」的自我轉變為具有存在意義的自體。

[63] 「魔神」和「妖怪」其實在文化論述中各有指涉。「魔神」在德文為Dämon（＝英文daemon，源自希臘文daimon），另指「精力過人者」與「不可抗拒的力量」，反映出字源演變的遺跡。在希臘古典時期的詩篇，daimones由神物逐漸「退化」為神與英雄的中介者，在民俗則被視為個人的護身靈，也就是柏拉圖在《蘇格拉底答辯辭》所說的「天意顯靈」（daimonion semeion），哲學界卻用daimonion指稱人的理性靈光。到了羅馬時代，在東方與早期基督教影響之下，「魔神」的神性消失一空，只存魔性（Lurker 88, Russell 82；參見拙譯《阿格門儂》1468行注）。至於「妖怪」，在英文（monster）和德文（Ungeheuer）都有「龐然大物」的意思，保留了拉丁字源monstrum「具有警示作用或威脅意味的異象」這個古意。

[64] 〔原注〕賽姬在愛樂的黑暗樂園中的存在，是英雄被鯨魚－惡龍－妖怪給吞沒這個神話母題一個有趣的變體。在賽姬的故事，被容納並囚禁於黑暗是籠罩在快樂的氣氛之下，可是此一處境也是原型，而不是例外。被吞沒的危險通常隱匿在有食人妖怪藏身其中（呈退化狀態）的樂園的誘惑，就像韓賽爾（Hansel）和葛蕾特（Gretel）的故事裡的薑餅屋；在賽姬的故事，食人妖是龍種愛樂；在童話故事則是巫婆。就像夜海旅航這個原型神話中，男性太陽英雄在妖怪腹中點燃火光，賽姬掙脫黑暗監牢也配備火光和利刀。可是在陽性太陽神話，英雄帶有敵意的刺殺之舉佔據前景醒目的位置；即使在認知／知識（knowledge）的場合，照樣殺死並「肢解」其對象，即惡龍。在陽性太陽神話的陰性變體中，此一認知真相的需求始終緊緊扣住更強烈的愛情需求。即使賽姬被迫做出傷害之舉，她還是保留自己跟情人的姻緣，不曾停止懷柔和蛻變。〔中譯注〕坎伯的《千面英雄》以集體人格呈現太陽英雄完整的經歷，其原型為《吉爾格美旭》（中譯見拙作《陰性追尋》頁271-334，論述見該書頁45-104）；太陽英雄不可或缺的經驗是入冥，其原型即「夜海旅航」（見注104）。原注所稱「陽性太陽神話的陰性變體」特指賽姬的故事，其原型見於蘇美神話的《伊南娜入冥》（中譯見《陰性追尋》頁335-67，論述見該書頁105-60）。

　　母系制度的基本法禁止跟男人建立個別關係，並且認為男性只是不可名狀的力量，代表神性。對賽姬來說，這個無以名之的狀態使她心滿意足，卻也同時招來屈從於男性、落入它的掌握這個刻骨銘心、無法抹除的屈辱。從母系制度的立足點來看，回應這個屈辱只有一個方法：殺死然後閹割這個陽性，這正是兩個姊姊慫恿要賽姬做的事。可是她們不只是具現退化；一個更高級的陰性原則也在發揮作用，正如這個神話故事用於「照亮」賽姬的無意識處境的象徵所表明的。

　　賽姬在她自己和愛樂的衝突中，一再抗拒他要她跟兩個姊姊斷絕關係的告誡；面臨最嚴厲的警告，她仍然保留姊妹的緣份，她的執著令人困惑，看來跟她的柔順相矛盾。在這衝突的過程中，她說出透露她的內在情境的關鍵話：「我再也不會想要看你的長相；就算現在入夜漆黑也阻擋不了我的喜悅，因為我抱住你在我的臂彎裡，你就是我生命的光。」

　　可是就在賽姬似乎要接受黑暗——亦即她身處其中的無意識狀態——並且在似乎全面放棄她的個體意識的情況下稱呼她那既不認識也看不到的情人為「我生命的光」，就在這瞬間，到目前仍察覺不出來的一種感覺露出表面了。她用否定的語氣提到黑暗的苦惱和認識情人的慾望。她好像驅邪除魅一樣驅除她自己對於即將發生之事的恐懼，從而透露她自己冥冥中知道正在進行的事情。她被囚禁在黑暗中，可是現在朝向光明與知識的驅策力已經蓄勢待發；這同時她察覺到威脅罩頂勢不可擋。就是因為這樣，當她設法驅除黑暗的現實而以「我生命的光」稱呼愛樂時令人動容。雖然歸根結底說來，愛樂的確是在她面前閃閃發光，一路指示她履險如夷之道，但是為**她**指路的這個愛樂

並不是在黑暗中擁抱她並且隨心所欲想方設法阻止她滋擾他們的愛情樂園的那個稚氣未脫的年輕小伙子。

賽姬——正如故事的後續部份所強調的——絕不僅止於「溫馴」與「心思單純」；恰恰相反，兩個姊姊的態度，他們的主張與敵意，無一不是迴響賽姬內在的一股趨向。反抗愛樂俘虜她作為禁臠這個不可容忍的處境是母系制度的主張，這個主張在她內心澎湃洶湧，這個主張正是兩個姊姊灌輸給她的，而她因反駁無方而深信不疑。就是這樣的處境造成賽姬內心的衝突：「在這同一個身體，她討厭野物又喜愛丈夫」；也是因為這樣，兩個姊姊才引誘得了她。賽姬不知道自己的情人愛樂真正的相貌。野物和情人水火不容，此一對立迄今只出現在她的無意識，還沒有進入她的意識。是兩個姊姊使她意識到妖怪－野物的一面。在賽姬所意識到的愛情關係中，愛樂只是她的「丈夫」，現在她和那一層關係的衝突公開化了。她不再能夠保留她舊有的無意識狀態。她必須看看她的伴侶真實的形態，因此討厭野物和喜愛丈夫彼此對立的矛盾情感向外投射，促成賽姬採取行動。

配備尖刀和油燈，賽姬逼近她素未謀面的情人，在亮光下認出他是愛樂。起先她想到拿手中所握準備殺「妖怪」用的尖刀自殺未果。接著，她在亮光下凝視情人的時候，她的手指刺到他的一支箭；她對他油然興起一股慾望，彎腰吻他，熱滾滾的油滴濺落燈外，燙傷了愛樂，把他驚醒。看到賽姬違抗他的命令，他揚翅高飛，消失了。

賽姬受到恨男的母系勢力所逼，走近床前要殺心目中的妖怪，卻看到愛樂，這時候的她到底體驗了些什麼？那場景壯麗的神話光采，由於阿普列烏斯的工筆細描而顯得有點小家子氣，幾乎變了形。如果

把它復原，我們察覺到的是一場驚心動魄的事件，深刻無比而且威力無窮，心靈的脫胎換骨具備無與倫比的意義。那是賽姬的覺醒，醒悟到自己就是靈魂[65]，那是陰性生命中決定性的一刻，在那一瞬間女人首度從她的無意識的無明狀態以及母系被囚禁動輒得咎的處境破繭而出，並且在與陽性的個別接觸中愛上愛樂，也就是認識愛樂。賽姬的這種愛非常特殊，我們唯有掌握此一愛情境遇的新奇之處才可能了解它對於賽姬所代表的女性的發展有何意義。

〔意識的覺醒〕

賽姬走近愛樂躺身其上的床鋪，這時候的賽姬不再是落入圈套卻慵懶自得的生命，不再被自己的官感給迷惑，不再是生活於性慾和淫慾的無明樂園之中。被兩個姊姊突如其來的闖入給驚醒，意識到自己的性命面臨危險，她採取母系社會殘忍的黷武手段，持刀走向床鋪去殺妖怪，也就是在一場死亡婚姻中把她從上界撕裂出來然後劫持到無明世界的男性野物。可是新點燃的亮光使她洞燭先前的存在原來是無意識的黑暗狀態，她在這亮光照耀下認識愛樂。**她有了愛**。她在新的意識的亮光中經驗到決定性的蛻變，因而發現區別野物和丈夫的分界不再有效。就在她遭受愛的電光襲擊的時候，她把刀刃轉向自己的心，換個說法就是以愛樂的箭頭使自己受傷。這一來，她告別了她自

---

[65] 「賽姬」的希臘文Ψυχή（拉丁字母拼作Psyche）即是「靈魂」之意，又是「蝴蝶」，此所以西方造形藝術常以蝴蝶象徵靈魂，也所以有些藝術家讓賽姬長出翅膀。把"psyche"擬人化，那是晚至公元一世紀才出現的事。

己的現實經驗中童稚、無意識的一面，同時也告別了母系、恨男的一面。賽姬只有在污濁、無光的存在狀態才會把情人誤認為野物、施暴者、惡龍，她也只有以童稚無知女的身分（不過這也是黑暗面）才會認為自己愛的是與低等的惡龍判然有別的「高尚的丈夫」。在愛情的光輝侵襲之下，賽姬認出愛樂是神，集高等與低等於一身，一身聯繫高尚與低賤。

賽姬手刺愛樂的箭頭而流血。「於是不知不覺，卻是自動自發，賽姬愛戀愛神。」她的愛始自一場死亡婚姻，當時她瀕臨死亡、被帶走、遭受強暴；賽姬現在經驗到的可以說是二度開苞，是真正的、主動的、自願的開苞，是她憑自力在自身完成的。她不再是受害人，而是積極主動放送愛意的女人。她身處戀愛中，為愛樂陶醉，愛樂則是以誠於衷而形於外的威力擄獲她，而不再是訴諸外力的男人。可是愛樂身處狀況外，睡夢方酣，對於賽姬所作所為和所思所想一無所知。就在這節骨眼，敘事開始揭露無與倫比的心理洞識。

賽姬自願委身於愛，即自願獻身給愛樂，她的愛情行為既是奉獻／犧牲也是失落。她沒有放棄她身為女人的母系階段；此一情勢最稱矛盾之處在於，在她的愛情行為本身，她始終毫不含糊高舉母系階段的大纛，將之抬舉到阿瑪宗女人族（Amazons）的層次。

賽姬認識真相，在火光通明中看愛樂，打破了他不為肉眼所見的禁忌，她自己則是從此對陽性的態度不再純真也不再童稚。她不再只是使人迷戀和迷戀別人；她徹底改頭換面，竟至於新的女性之身使她失去而且的確必須失去她的情人。在女性經由接觸而促進意識成長的這種愛情局面中，認識即苦惱即犧牲，三者是相同的。賽姬「看到愛

樂」時情意泉湧，隨之而來的是她心中誕生另一個愛樂，不同於處在她身外而睡夢方酣的那個愛樂。這個內在的愛樂是從她的情意產生的心象，其實也就是在她眼前躺著睡覺的那個愛樂更高尚並且肉眼看不到的形態。與意識息息相關的是成年的愛樂，這裡說的意識則是成年的賽姬，亦即不再是小孩的那個賽姬。在賽姬心裡這個較大的、肉眼看不到的愛樂必然要跟他那被她的燈火亮光所揭發而且被油滴給燙傷的較小的、肉眼看得到肉身發生衝突。隱藏在黑暗中的愛樂仍然可以是活在賽姬心中的每一個愛樂形象的化身，可是已經成為肉眼可見的這個愛樂是阿芙羅狄特之子這個男孩具備神性而形相明確的實體[66]。

我們必須切記，愛樂本身並不要這樣的賽姬！他威脅她，他熱切懇求她維持樂園無明的狀態，他警告她的行為將會使得她永遠失去他。在賽姬而論，無意識朝意識靠攏（在這裡就是朝在愛情關係中處於意識的狀態）的趨向沛然莫之能禦，甚至比她對愛樂的愛更強烈——至少陽剛的愛樂會這麼說。可是這樣不對，因為雖然身處樂園狀態的賽姬屈從於愛樂，雖然她在黑暗中失身於他，她並不愛他。一股衝動驅使她昂然挺立從黑暗中探出頭來，這衝動從負面觀點可稱之

---

[66] 〔原注〕但是對賽姬而言，統合愛樂的二元結構——此一結構也顯現在愛樂和反愛樂（Anteros）這兩個對立的形相——並且把低階的愛樂轉化為高級的愛樂，實為必要之舉。有意思的是，由「阿芙羅狄特的愛樂和賽姬的愛樂」所構成的雙重愛樂，早在埃及的法術紙莎草卷就有提到。見R. Reitzenstein, *Das Märchen von Amor und Psyche bei Apuleius*, p. 80。〔中譯注〕古希臘不論器物史或文獻史，常見愛樂以複數形態出現，稱為Erotes，其中一類為以雙重形相現身，即諾伊曼注釋提到的愛樂和反愛樂，依次代表付出的愛和回報的愛，另一種說法則是依次代表愛和單戀。如公元前五世紀一尊高12吋的三腳錐底罐，罐身繪有一名女子手持象徵婚姻的火炬，由右向左快速奔跑，兩側則各有一位陰陽同體的有翼愛神。由於希臘瓶繪畫家以向右奔跑表示勝利，由此可推論畫中女人無法遂願，只是無從斷定她是奔往或是逃離婚姻，因此也無從推斷愛樂和反愛樂是否各有各的造形。瓶繪上更常見的是愛樂三相，分別為愛樂、Himeros（阿芙羅狄特誕生即陪伴她的慾望之神）和Pothos（熾烈情懷之神）。

為母系的侵犯力，從正面觀點則可稱作朝意識靠攏的趨向以及她道地的陰性天性的實現。現在她認識了愛樂的真相，就是在知識的照明之下，她開始產生愛意。

她在這一刻失去所愛的人是這一則神話故事最深刻的真相之一；這是悲劇性的一刻，每一個陰性心靈都是在那一瞬間開始擁有自己的定命。愛樂由於賽姬的行為而受傷；灼傷他、驚醒他繼而趕走他的油滴，怎麼看都是痛苦的根源。對他這個陽性神來說，當她處在黑暗中而他在黑暗中擁有她的時候，當她僅僅是他的夜間伴侶，與世隔絕，只為他而活，不分享他白天的存在、他的現實以及他的神性的時候，她惹人愛憐，有足夠的性吸引力。她的奴隸狀態由於他堅持隱匿神的身分而益形不堪：她仍然是被他給「吞噬」。這個宛如小孩的女人，這個「單純又溫馴的靈魂」（果真有的話，那必定是男性的誤解！）舉燈持刀走近睡覺中人要殺他。無可避免地，她情願失去他這件事必定燒灼並傷害陽性的愛樂，使他痛苦無以復加。

賽姬從黑暗中冒出頭，開始擁有她自己身為戀愛中的女人的定命，因為她是「賽姬」，也就是說她的本質是心靈，不可能滿足於樂園無明的存在[67]。一直要到賽姬體會出愛樂不只是躲在暗地裡設計誘捕的人，一直要到她看見他（他畢竟是向來看得見她），她才算是真正跟他接觸。就是在造成失落與疏離的這一刻，她愛上他並且有意識

---

[67] 〔原注〕這是阿瑪宗女人族的母系行為在不同層面上重複出現的情況，她們犧牲自己的女人特質，割掉乳房，不只是為了爭取獨立而在與男性鬥爭中像男人那樣打鬥，也是為了捍衛母系社會的大女神信仰。「乳房成串」的以弗所阿特密絲像身穿綴滿乳房的斗篷，那些乳房如果別有意涵，就是用來象徵阿瑪宗女人族把自己的乳房奉獻給女神。參見Picard, "Die Ephesia von Anatolien," *EJ* 1938.

地認識愛樂。

　　她就這樣在更高級的層面演出母系社會犧牲情人的劇碼，並且有充分的理由主張生而為人理當具備的意識。她掙脫愛樂的束縛，憑的是尖刀和燈火，以之取代黑卡悌和其他母系女神的火炬[68]，就這樣超越他以及她自己隸屬於他的形勢，剝奪了愛樂掌控她的神性威力。賽姬和愛樂現在以平等的立場面對面。可是面對面的遭遇隱含彼此分離。原本在黑暗中擁抱結為一體的銜尾環蛇[69]被超越了，而且隨著賽姬的英雄行徑，苦難、罪惡與孤獨來到了世間。因為賽姬的行為可類比為英雄為了製造意識的亮光而拆散原初父母的作為[70]；在此處的情況，賽姬和愛樂客居在無明樂園期間，他們自己就是原初父母。

　　可是賽姬的行為只是外表看來類似英雄的「陽剛」事蹟。其中有一個決定性而且根本性的差異因素：雖然賽姬的行為呼應意識不可或缺的發展，那畢竟不是殺死的動作，偏偏就是這個動作引發賽姬油

---

[68]　黑卡悌：希臘神話中的三相女神，集月亮女神、大地女神和幽冥女神於一身，以財物和運氣佈施人間，後來被視為掌管法術的女神，羅馬人所稱的Trivia即是指其以三身三頭倚背而立的姿態矗立在交叉路口的造型。其他母系女神的火炬：如〈黛美特讚美詩〉47-8所見（《陰性追尋》頁375）。

[69]　〔英譯注〕銜尾環蛇（uroboros）象徵獨一兼全體。〔中譯注〕諾伊曼以銜尾環蛇為創世神話的原型象徵。蛇口含住自己的尾巴（希臘文的οὐρόβορος正是此意）環繞成圓圈即是銜尾環蛇。按他在《意識的起源與歷史》頁10所說，銜尾環蛇在古埃及象徵「自體殘殺，自體結縭，又自體受孕。它同時是男人又是女人，為人父又結珠胎，吞噬又生產，積極主動又消極被動，在上又在下」。哲學觀點可見於柏拉圖對話錄《蒂邁歐篇》34b。就意識的發展史來說，諾伊曼在《大母神》書中（頁48, 18, 30）寫道：銜尾環蛇代表無意識的渾沌之初，象徵「原初的心靈狀況」，「是心靈處於初始、原始狀態的象徵，在那樣的狀態下，人的意識和自我都還弱小，尚未發展」。即便如此，陰性的蛻變性格在這意識發展的最初階段就已開始發揮作用，雖然「它只是在銜尾環蛇的環狀蛇圈之內創造變化，因為初始的銜尾環蛇不只是『圓』，而且是自身轉動不已的輪，又是同時孕育、產生與吞噬的蛇」。

[70]　原初父母即創世神話所稱的天父與地母。盤古劈分天與地即是諾伊曼此處所述英雄作為的中國版。

然生愛。男性從洋溢英雄情操的屠殺開始，一路過關斬將去征服世界，此其間他跟他贏得的阿尼瑪人物[71]的聖婚只構成他的勝利的一部分[72]，反觀賽姬後續的發展不折不扣是意圖超越她自己一手造成的分離，不惜經歷苦難與掙扎。在新的層面上，也就是在愛情和完全意識的層面上，她奮力要和已經離她而去的他破鏡重圓，要重新結合以便將當初迫於形勢而不得不有所犧牲的那一切再造完整。因此賽姬的舉動揭開了一段發展過程的序幕，不只是全心接納她自己，而且也必須抓牢愛樂。

　　愛樂，正如他自己說的，一開始就被自己的箭給傷了，也就是說他從一開始就愛上賽姬；反觀賽姬，她卻是在付出愛心時刺傷自己，一直要到這一刻她才開始愛戀愛樂。可是愛樂所稱「他的愛」以及他希望用來愛她的方式，跟賽姬及其舉動相衝突。她勇往無懼，劍及履及展開她自立自強的發展，犧牲他以便認識他，就這樣賽姬把愛樂和她自己趕出銜尾環蛇階段無意識的樂園。就是經由賽姬的行為，愛樂首度體驗到他拿來瞄準自己的情箭所造成的苦果[73]。

---

[71] 引諾伊曼《大母神》書中頁32-3的說法：「阿尼瑪（anima）是男性在女性所經驗到的『靈魂意象』，是他自身內在的女性氣質與靈性，是他自身的一個心靈要素。但是阿尼瑪——正如榮格從一開始就指出的——的形成，部分是由於男性個人的經驗，部分是由於陰性的原型經驗」；「阿尼瑪是男性的無意識朝女性特質人格化的過程……。阿尼瑪將自己人格化後表現出來的典型形式就是夢中情人」。用淺白的說來說，「每個男人心中都有一個永恆的女性形象，不是哪個特定的女人形象，而是絕對的女性形象。這個形象基本上是無意識的」（Jung 1997:459；為了使文義更清楚，我稍微更改原中譯的措詞，而且更正了原譯文以「潛意識」對應the unconscious的誤譯）。參見注158。

[72] 〔原注〕參見諾伊曼 *Ursprungsgeschichte des Bewuβtseins*。〔中譯注〕該書即中文譯注一再引用的《意識的起源與歷史》，所引見頁195-219。該書沒有中譯本，但書中所論英雄神話，中文讀者可以參考坎伯的《千面英雄》（朱侃如譯，立緒1997）；然而，與賽姬神話關係更密切的論述，見拙作《陰性追尋》第二章〈太陽英雄的原型〉。

[73] 〔原注〕比起實際的神，愛樂原本就是既有超過也有不及，此處所述是他的神話形相順理成章的發展，這不勞我們操心。

　　這時候得要談談灼傷愛樂的滾燙油滴的象徵。「啊！膽大心粗的油燈！」我們的故事是這麼說的：「你竟然灼傷火的主人。」帶來苦惱的不是箭之類傷人的武器，而是滋養油燈的物質，那是光明和知識的根源。油乃是植物世界的精髓，是陸地的精華，因此被用來為陸地之主──即君主──行塗油禮，其為流傳廣遠的象徵自不待言[74]。在此處的事例，油作為光的基礎具有重大意義：油要發出光明必須點火燃燒。同樣的道理，在心靈的生命中，照明來自熱力，來自熱情之火，也就是來自感情的火焰和熾烈的情懷，而這裡說的「照明」就是被點亮／受到啟迪的意識，受惠於基本物質的燃燒同時又助長光與熱的散發。

　　賽姬透過自己的行動意識到愛樂和她自己的愛，可是愛樂只是受傷，根本沒有因賽姬的愛心之舉與分離而受到啟迪。在他身上只實現了必要過程的一部分：基礎物質點燃了，他被情火給燒到了。他受到情苦的襲擊，由於賽姬的行動而被倒推一把，從如膠似漆的天作之合跌入傷痛悲苦。可是他的蛻變並非出於自願，他的體驗是被動的。

　　天神愛上凡人時，他們只體驗到慾望和歡樂，痛苦一向是留給凡人獨自承受。凡人通常在這樣的遭遇中粉身碎骨，天神伴侶則是微笑而去，繼續未竟的獵艷之旅，旅途上處處是人類的浩劫傷心地。可是在這裡發生的事別有不同：賽姬採取主動，雖然她的個性怎麼看都是

---

[74] 塗油禮是宗教儀式的一種，將油塗在人的頭部或全身，有的則塗在物件上。其意義有三，彼此分立卻不互相排斥。一為醫療：身兼祭司與醫生雙重身分的巫醫，以塗油禮結合宗教和醫術。二為祝聖：面臨天災人禍或生存危機時，行塗油禮以使凡人成聖。三為授予神職：廣見於多種宗教。在古代以色列和當今某些基督教國家，君主加冕時行塗油禮表示受禮者為上帝所選派。

象徵凡胎女子的靈魂。

　　愛樂，正如我們一開始就知道的，是個男孩，年輕人一個，是他那威力無邊的母親的兒子情人[75]。他迂迴阻撓阿芙羅狄特的訓令，自己愛上賽姬，沒有帶給她不幸——可是他真的迂迴阻撓阿芙羅狄特的命令，完全沒有帶給賽姬不幸，沒有強迫她嫁給「男人當中最惡劣」的妖魔嗎？不管怎麼說，他並沒有掙脫這位母親女神，卻只是在她背後欺瞞她。他打的如意算盤是大大小小的事都發生在黑暗中，秘密行事，躲躲藏藏不讓這女神看見。經過這麼一番設計，他跟賽姬的「艷遇」有如希臘男神不計其數的小插曲，遠離輿論免於曝光，而輿論的典型代表就是女性神明。

　　這樣的處境及其帶給愛樂的一切便利都被賽姬給攪亂了。賽姬解離她和她的伴侶共享的「參與神秘[76]」，把她自己和他推入分離的命運，那就是意識。愛就其為陰性整體（feminine wholeness）的一種表現而論，不可能處在黑暗中，因為在黑暗中只是無意識的過程[77]；兩人相處要有真正的接觸必定包含意識的作用，因此也包含苦難和分離。

---

[75] 倫敦國家美術館所藏佛羅倫斯畫家布隆津諾（Angolo Bronzino, 1503-72）的《維納斯與丘比德的寓言》（*An Allegory with Venus and Cupid*）即是根據維納斯對丘比德「熱情長吻」描繪這一對母子情侶的關係

[76] 「參與神秘」（*participation mystique*）是諾伊曼用來指稱心靈演化之初，陰陽尚未分化而生機無所不在，仍由銜尾環蛇無意識（見注69）統御一切的狀態。他在《大母神》（266）寫道：「在神話中以銜尾環蛇呈現的原始處境呼應〔不妨稱為〕人的史前時期的心理階段，是時也，個體與團體、自我與無意識、人與世界難分難解密不可分，其間處處瀰漫『參與神秘』——即無意識本體——的原則」。前述的歷史過程和心理演化相呼應的是母子關係（《大母神》29），如丘比德脫離維納斯以前，這一對母子神就是處於「參與神秘」，其意涵從John Gibson（1790-1860）的大理石浮雕*Venus and Cupid* (Victoria and Albert Museum, London) 依稀可以感受到。丘比德背叛維納斯轉而投入賽姬的懷抱，羅丹的青銅雕塑*Cupid and Psyche Embracing* (1908) 即是呈現這一對情侶在無明愛樂園的「參與神秘」。

[77] 諾伊曼《大母神》（148, 90）：無意識乃是「在人類歷史發展的過程中，意識所從出的心靈底層」，是「人類共同的心靈基礎」。

　　賽姬的舉動因而導致個體化所有的痛苦，一己人格經驗到自身與異己伴侶的相對關係，跟伴侶產生互動而不只是彼此有關連。賽姬傷了自己也傷了愛樂，經由他們之間息息相關的傷害，他們原本無意識的聯結終告化解。就是這雙重的傷害率先產生愛情，愛情奮力尋求破鏡重圓；就是這傷害創造了使接觸成為可能的契機，這樣的契機乃是兩個個體產生愛的先決條件。柏拉圖的對話錄《會飲篇》述及愛的神話起源，即是呈現這一體（the One）的分裂以及渴望破鏡重圓[78]；在這裡，阿普列烏斯著眼於個體，重複同樣的洞識。

　　巴霍芬寫道：「把已經被拆離的引回原狀的勢力是卵生神[79]，奧斐斯教義稱之為梅緹絲、Phanes、Ericopaeus、Protogonos、海克力斯、Thronos、愛樂，列斯博斯人稱其為Enorides，埃及人稱作歐希瑞斯[80]。」在那裡，陰性總是卵，又是包容體，陽性則是被生下來，然後拆散元始的統一體；然而，在我們的文義格局中，真相恰恰相反。

---

[78] 指喜劇詩人亞里斯多芬尼斯的發言，中譯見拙譯《利西翠妲》附錄或《情慾幽林》希臘文學部分。

[79] 卵生神：引諾伊曼《大母神》（42），「我們在許多神話體系見識到以卵為創世的原型象徵。比方說，就其為兩極對反物的包容體而論，它可以劈分為兩半，一白一黑，隱含天在上與地在下。這就是奧斐斯卵」。盤古即是中國版的卵生神（「天地混沌如雞子，盤古生其中」）。最晚在公元前五世紀，希臘出現一場秘傳宗教運動，由巡迴祭司佈道傳教，其基礎據信為神話中的詩聖奧斐斯的箴言和詩歌，故名奧斐斯教，其教義強調軀體死後的因果報應和靈魂轉生。

[80] 〔原注〕Bachofen, *Versuch über die Gräbersymbolik der Alten*, pp. 93 ff. 〔中譯注〕梅緹絲：希臘神話的泰坦女神（泰坦神是早於奧林帕斯神的神族世代），洋川（Oceanus）的女兒，宙斯的第一位妻子，是未雨綢繆的能力擬人化的結果。Phanes：黑夜（Nyx）所生的銀卵孵化而出，後來創造陸地、天空、日與月，使渾沌化育成宇宙。Protogonos：字義「第一個出生」，其種種形態為宇宙的結構要素。海克力斯：見注117。Thronos：「聖座」的擬人格。列斯博斯（Lesbos）：愛琴海北部臨近小亞細亞的一個肥沃島嶼，傳說中奧斐斯被分屍後，頭顱漂流到該島，因此島上抒情詩人輩出，莎芙（Sappho）即是其一。歐希瑞斯：見注50。Enorides和Ericopaeus：不詳。

愛樂，阿芙羅狄特的愛樂，囚禁賽姬為禁臠，把她誘捕在卵的黑暗中，賽姬則是舉燈持刀，拆散此一起始階段的完美存在，憑其舉動和苦難在天堂的層面上回復原本的統一。

　　賽姬的行為一舉結束原型世界的神話時代。在神話時代，兩性間的相對關係只仰賴眾神超人一等的勢力，而眾神卻以人為芻狗。現在開始了人間愛情的時代。在這個新時代，人類心靈有意識地自作取捨放手一搏。這把我們帶回我們的神話背景，亦即賽姬這個「新阿芙羅狄特」和大母神身分的阿芙羅狄特兩者的衝突。

〔個體化的過程〕

　　這一場抗爭始於男人注意到賽姬的美貌，從此忽視阿芙羅狄特的祭禮和神廟。男人只是默默沉思觀賞美，這樣的態度本身跟阿芙羅狄特所代表的原則互相矛盾。阿芙羅狄特也是美感洋溢，她本身就代表美，不過她的美只是達成目的的手段。她的目的似乎就是慾望和魚水之歡，其實就是生育[81]。阿芙羅狄特是大母神，是「全部五元素的本源」。一如巴比倫的伊絮塔和希臘的黛美特，她生氣不露面時，世界就沒有生機。「伊絮塔入冥以後，公牛不再騎母牛，公驢不再對母驢屈身，男人在路上不再對女人彎腰：男人睡在他自己的地方，女人獨守空閨[82]。」

---

[81] 馬德里普拉多博物館所藏提香繪《維納斯接受崇拜》（*The Worship of Venus*, 1518）即是寄意維納斯信仰的性愛／生育原則以物種承傳為目的。
[82] 〔原注〕"Die Höllenfahrt der Ischtar," in Ungnad, *Die Religion der Babylonier und Assyrier*.

　　凱瑞尼說：「阿芙羅狄特不比黛美特或希拉更像生育女神[83]。」
他以負面的觀點為「生育女神」定性，為的是反對這樣的稱呼。可是
這三位女神，就其為「一切元素的本根源頭」而論，全都是大母神的
分身，是母系社會的生命與生物繁殖的女造物主；就是這一點，也只
有這一點，賦予這位大母神她原有的尊嚴，憑其天后的身分授君主以
君權[84]。因此，阿芙羅狄特雖然就女神而論代表存有（being）的一個
永恆的領域，畢竟只是大母神原型的一面。阿芙羅狄特的美、嫵媚與
歡樂佈施乃是天界怡情適性的武器，跟花的顏色沒兩樣，有超乎其美
感與風韻的作用，適合物種的元始母性目標[85]。

　　可是阿芙羅狄特與愛樂所呈現的這種結盟關係也包含人類彼此
間相對關係的美與魅力，正如海鷗的話所透露的，世界擾攘不安，因
為愛樂飛到山區「和青樓女子翻雲覆雨」，阿芙羅狄特自己也荒廢神
職，到海濱渡假去了。「怪不得快活、樂趣和歡笑無處可尋，有的只
是邋遢、庸俗與粗鄙；婚姻、友情和親情都從人間消失了；一片大混
亂，一切情緣人見人怨，人人避之唯恐不及。」

　　阿芙羅狄特為了愛樂的熱戀大發雷霆的時候，希拉和黛美特說
得更白：「天神人類有誰受得了妳在世上人間大肆散播熱情，卻禁止

---

[83]　〔原注〕Kerényi, *Töchter der Sonne*, p. 165.

[84]　按Joan S. Westenholz歸納近年來研究女神信仰與蘇美政體的關係，公元前約三千年及隨後的
幾個世紀，兩河流域出現不少君主自稱是女神伊南娜——即閃米特語所稱的伊絮塔——的配
偶，因聖婚而得到女神授權統治人間。這一批「奉女神之名」的統治者很可能是母系社會演
變為神權政治（theocracy）的過度階段，或許《吉爾格美旭》詩中宣稱的「改變舊秩序」就
反映那一段歷史，參見拙作《陰性追尋》頁50-91。

[85]　早自荷馬就寫到阿芙羅狄特的魅力源自她的束腰帶，不論人或神繫上身都能激發對方的性
慾，可是後世的藝術家卻不曾有人取材於此一魔幻織錦束腰帶，或許就是由於它只「適合物
種的元始母性目標」。兩性生殖畢竟是大母神第一要務，束腰帶一解開就是百無禁忌了，因
此可想像而不宜觀賞。賽姬可不一樣，套用現代措詞，只適合眼睛吃冰淇淋。

妳自己的家人接受愛的魅力，時時刻刻防範他們享受女人的小毛病？那種樂趣可是對全世界開放的。」散播「熱情」和主管「女人的小毛病」正是大母神的阿芙羅狄特式屬性，這方面在多麼高的程度上仍然由「古老的」阿芙羅狄特代表，不難從她和賽姬的衝突得到明證。

在人類的領域，伺候阿芙羅狄特、慶賀她的威力和為她代勞都是流露本性，如今在「烏煙瘴氣的塵世」這一片領域發生了荒謬的事：這一位「新阿芙羅狄特」純粹在沉思默想中接受崇拜。阿芙羅狄特義憤填膺就是從這時候開始的。海倫仍然是阿芙羅狄特忠實的貼身丫環，因為她激發慾望進而掀啟戰端，那一場戰爭是人類展現英雄情操的驚天動地之舉，阿芙羅狄特就是衝著這樣的英雄情操愛上阿瑞斯[86]。理由在於，阿瑞斯的陽具威力跟血腥之慾有關連，而血腥之慾總是跟淫慾互動密切[87]。海倫跟阿芙羅狄特一樣，樂此不疲調製新的混合液，成分包括陶醉、魔力和毀滅，這正是大母神魅力所在，大母神也是命運和死亡之母。可是這個「新阿芙羅狄特」，美則美矣，人類對她卻沒有慾望，而只是沉思默想崇拜她像個女神。最糟糕的是，對她有慾望的竟然是來自天界的愛樂。賽姬何人也？

賽姬干預眾神的領域，創造一個新世界。由於她的行為，陰性啟動人的心靈動力，衝撞大母神及其恐怖的一面，那可是女性的母系存

---

[86] 考夫曼（Angelica Kauffman）的油畫《維納斯說服海倫去和帕瑞斯談戀愛》(*Venus Persuades Helen to Fall in Love with Paris*, 1790, Hermitage, St. Petersburg) 和大衛（Jacques-Louis David）的油畫《維納斯與美惠女神解除馬爾斯的武裝》(*Mars Being Disarmed by Venus and the Three Graces*, 1824, Brussels) 完整傳達諾伊曼這個句子的意趣，尤其後者描寫性愛只對戰爭男神的陽具威力動情，也只有性愛女神能使戰爭男神卸盔解甲。

[87] 所以，莎士比亞十四行詩有「色慾／帶血腥」之語（129:2-3），該詩中譯見拙作《情慾花園》。兩河流域的性愛神伊南娜／伊絮塔同時也是戰爭女神。

在向來屈從的對象。賽姬不只是反抗大母神，不只是反抗阿芙羅狄特這個強勢統轄陰性存在的女神，她同時還反抗她的陽性情人，反抗愛樂。身為凡人的賽姬在抗衡天神及其勢力的時候，她的立場是多麼不堪一擊！她的處境，膽敢挺身對抗天神原型的陰性－人類生命原則的處境，看起來希望多麼渺茫！

由於自我犧牲的行為，她放棄了一切，形單影隻進入愛情的孤寂，她在那個世界，既是有意識又是無意識棄絕她擁有的導向性愛與生育的美貌吸引力。一在亮光下看到愛樂，賽姬把接觸加上個體化的愛情原則跟魅力吸引加上物種繁殖的原則對等齊觀。

在這個背景，我們可以明瞭阿芙羅狄特出身於有生殖力的天空與海洋兩相結合的神話「譜系[88]」，賽姬這個「新阿芙羅狄特」則是天空與陸地結合的產物。海洋保留一切無以名狀的性質，那是集體無意識的特徵，土地則象徵比較高級的、「塵世的」形式。阿芙羅狄特代表「上」與「下」無以名之的勢力的結合；在結合陽與陰時，她展現全體適用而且無以名之的勢力。由於賽姬，在比較高級的層面上出現了對於這同一個阿芙羅狄特原則的領悟，既屬於塵世又合乎人性。可是既屬於塵世又合乎人性意味著獨一無二，這吻合個性（individuality）原則，而且到最後吻合個體化原則。阿芙羅狄特是對立雙方互相吸引的女神，代表物質－心靈的愛情原則，如今在這個原則之上浮現了賽姬的愛情原則，此一原則由於前述的吸引力而和認識真相、意識的成長與心靈的發展產生關連。因此，由於賽姬，一個

---

[88] 見拙作《情慾幽林》選譯〈愛神的誕生〉。「有生殖力的天空」即天父烏拉諾斯。

新的愛情原則出現了，其中陰陽兩性之間的接觸顯示出來的就是個體化的基礎。從阿芙羅狄特為一自然原則的立足點來來看，陰性與陽性的結合在本質上人無異於動物，從蛇與狼到鴿子都一樣。可是賽姬和愛樂之間的關係一旦由於賽姬的行為而超越這個階段，這就代表了接觸的心理（a psychology of encounter）；獨一無二的有情人透過這樣的愛實現存在的意義，其中包含苦難和分離。

這是第一次賽姬個人的愛昂然挺立在神話世界反抗阿芙羅狄特所代表的官感醉態的集體原則。聽起來或許矛盾，可憐的賽姬仍得要征服她的情人——其實是仍得要促成他的發展。阿芙羅狄特的兒子情侶必須成為人間情侶，愛樂必須從大母神的超個人領域給解救出來，然後給帶進人間賽姬的個人領域。仍然有待觀察的是賽姬是否將證實為比阿芙羅狄特更強大，是否會成功贏得愛樂。

在這樣的形勢中，阿芙羅狄特退化成邪惡的母親，也就是童話故事裡的後母和女巫。她對愛樂叫囂：「你竟然把你娘的命令踩在腳底下，沒有用不入流的慾望折磨我的仇人！」她的表現活像「恐怖母親」，怪誕一如心理學教科書所形容的樣子。她迴響下述的母題：把兒子禁閉在亂倫關係中的母親氣極敗壞擔心媳婦搶走兒子，看到跟以前不一樣的地方就大聲叫囂。她越罵越起勁，在氣頭上居然說愛樂是「害死老娘的小鬼頭！」在這節骨眼，我們不該忘記她起先著手毀滅賽姬的時候，懇求這兒子「看在母子情深的緣份」，又「張開兩片嘴唇，熱情長吻」。她當然記得提醒這個兒子，他的一切都多虧了她，全都是她的功勞，而且還賭咒要再擁有一個兒子。聽她下面的叫嚷，心理學家要說有多熟悉就有多熟悉：「我真是三生有幸，雖然年華還

盛開，竟然要當起祖母了，大家都會知道阿芙羅狄特的孫子是個壞心腸的女傭生的兒子！」

　　難免有人問道：可是為什麼阿芙羅狄特退化成惡母神而不是大母神？為什麼出現在她身上的一切人格特質都屬於家庭生活，而不是如我們可能預期的屬於大母神？

　　這故事從頭到尾都是「續發人格化」的原則在主導[89]。由於發展中的意識，超個人的和原型的現象已經具備個人的形態，並且在個體歷史的架構──即人類的某種生活狀況──取代它們的位置。人類的心靈是積極主動的自我，敢於抗衡超個人的動力，而且大有斬獲。人類──在這裡是指陰性──人格的地位固然提高了，結果卻是弱化了原先無所不能的力量。賽姬故事以生而為人的賽姬榮登神榜結束。反觀生而為神的阿芙羅狄特卻降格為人，同樣的情形也見於愛樂，他踏上受苦受難的旅程，與生而為人的賽姬結合。

　　阿芙羅狄特的陽性後裔一向是對她唯命是從的奴才，如今卻超越了他身為兒子情侶、工具和助手的功能，獨立成為情人。當她明白實

---

[89]　〔原注〕見諾伊曼《意識的起源與歷史》索引"secondary personalization"條目。〔中譯注〕諾伊曼《意識的起源與歷史》頁xix-xx：「想要從分析心理學的立足點爬梳原型階段，必須從釐清個人的和超個人的因素著手。個人的因素指的是屬於單一個體的人格，不跟任何其他的個體分享。超個人的因素則是集體的、超越個人之上或之外的，因此會被視為不是**外在**的社會條件，而是**內在**的結構要素。超個人代表大體上獨立於個人的因素，因為個人，不論其為集體或個體，都是演化晚期的產物」。該書第二部分〈續發人格化的原則〉即是探討原發性超個人並且原本以超個人形態出現，卻在發展過程中被當作是個人的那些內含。他在頁335-6說：「個人自我系統的強化以及同時發生的無意識穩定地崩解也就是續發人格化的方向。此一原則認定人有如下所述持久的趨勢：把原發的、超個人的內含視為續發的、個人的，並且將之化約成個人的因素。人格化經由人類的歷史直接關連到自我、意識與個體的發展；『人格』的產生以及自我所特有的個人的心靈領域都只有透過人類的歷史才可能從超個人和集體事件的洪流冒出頭」。從傳統的榮格心理學觀點，愛樂要不是賽姬的內在陽性面，就是超越她個人心靈的一個喻象──要不是外在世界的一個人，就是超越現實的一位神。諾伊曼拈出「續發人格化」，多少就是為了解釋此一歧義。

情的時候，陰性領域爆發衝突就勢不可免，愛樂的發展也開始了新的階段。賽姬這人間女子挺身對抗大母神，後者在這之前一直是與自己的兒子結盟，掌管人間愛情的生殺大權。她透過自由接觸而奠定獨立自主的陰性愛情意識，拒絕只包括醉態淫慾和生育的黑暗世界中不可名狀的愛情，那是迄今統御整個生命的超個人愛情。她拒絕阿芙羅狄特，也就是拒絕對阿芙羅狄特的權威心存畏懼的那個愛樂，他頂多偷偷摸摸迂迴欺瞞她，卻不敢挺身捍衛心上人。賽姬同時拒絕阿芙羅狄特和愛樂，在完全不知不覺而且不是心甘情願的情況下進入一場具有英雄格調、開啟人類新紀元的陰性鬥爭。

阿芙羅狄特氣在心頭，巧遇黛美特和希拉，向她們求援，她們既不支持她，也不支持賽姬。她們都屬於陰性，卻在陰性世界所爆發的這場衝突維持中立。追根究柢說來，她們屬於阿芙羅狄特，三合一的勢力和賽姬作對，可是她們對愛樂有忌憚，因此有所不為。

賽姬不再逃避阿芙羅狄特的時候，的確是在追尋愛樂。她向這位女神屈服的時候，她已有「受死」的心理準備。

阿芙羅狄特毀滅賽姬的計劃包括驅使她完成四件苦役。在奉阿芙羅狄特之命執行這四件匪夷所思且困難無比的苦役時，賽姬成了陰性海克力斯，她的婆婆則扮演和海克力斯的後母一樣的角色。惡母神在這兩個事例都扮演定命（destiny）的角色，定命在這兩個事例都促成英雄情操和「可歌可泣的事蹟」。對我們來說，重點在於關注陰性的英雄情操如何有別於陽性的英雄情操[90]。

---

[90] 借用諾伊曼的措詞，坎伯的《千面英雄》是闡明陽性英雄情操的神話學經典，我的《陰性追尋》則是發揚有別於陽性英雄情操的陰性英雄情操。

〔陰性英雄情操的奇蹟〕

阿芙羅狄特強施於賽姬的苦役乍看似乎沒有意義也沒有條理。可是根據對於無意識的象徵體系的了解所作的詮釋顯示實情恰恰相反[91]。

第一件苦役，分類篩選混雜成堆的大麥、小米、罌粟籽、豌豆、小扁豆、大豆，我們耳熟能詳是由於灰姑娘還有其他許多童話故事[92]。阿芙羅狄特下這道命令還附帶一段冷嘲熱諷的開場白：「妳這樣礙眼的奴婢，除非努力工作，我看不出有什麼條件吸引情人；所以，我親自來測試妳的價值。」阿芙羅狄特活像潑婦罵街，而且既粗魯又刻薄。我們提到這件事，不是為了道德憤慨，而是因為敘事的筆觸揭露此一衝突深刻的意義。引起我們興趣的不是阿芙羅狄特尖酸惹人嫌的性格刻劃，而是貴為天后娘娘的女神在其核心價值受到威脅時，心中所懷之恨。

顯然阿芙羅狄特認為這第一件苦役是不可能完成的。把混雜成堆的種子分門別類。這一堆種子主要是象徵陽性的銜尾環蛇混合物，也就是巴霍芬所稱沼澤階段典型的雜處[93]。前來幫助賽姬的生物不是鴿

---

[91] 〔原注〕我們對於賽姬的苦役所作的詮釋，是集體努力的成果。那是從特拉維夫的一場專題研討會發展出來的，筆者在會中闡述「女性心理」，其中一部分專論賽姬。蘇黎世榮格學院所開賽姬故事專題研究的成員也補充可貴的見解。

應該特別感謝參與這些專題研究的成員，由於他們的合作，我才可能對故事的這一部分提出詮釋——原先我以為那一部分是支離破碎的。我也要感謝榮格醫生及其夫人對於我的原稿提供彌足珍貴的意見。

[92] 〔原注〕Weinreich, "Das Märchen von Amor und Psyche," ch. x in Friedländer, *Darstellungen aus der Sittengeschichte Roms*, Vol. IV.

[93] 〔原注〕巴霍芬的「雜婚」（德文Hetärismus，英文hetaerism）應該當作心靈的一個層面與階段來理解，亦即視為以恆等關係（the relation of identity）為特徵的銜尾環蛇階段，而不是

子——鴿子是阿芙羅狄特的神鳥，在許多世紀以後成為灰姑娘的幫手
——而是螞蟻，一批螞蟻雄兵[94]，「土地這萬物之母照顧有加的勤快
子女」。

　　賽姬在螞蟻的幫助下為陽性雜處的局面帶來秩序，這有什麼意
義？凱瑞尼[95]業已指出從土地而生的螞蟻族人的元始人類性格及其與
土生的關連，而所謂「土生」，指的就是從土地而生的生命本質，特
別指的是人[96]。

　　此處正如一貫所見，伸出援手的動物是本能世界的象徵。我們從
夢知道，螞蟻之為象徵是和「植物性」神經系統分不開的，想到這一
點，我們就恍然大悟為什麼地下的勢力，從陸地而生的那些生物，有
能力整理陽性的陸地種子。賽姬憑本能的條理化原則反抗阿芙羅狄特
的雜處。阿芙羅狄特堅守沼澤階段的生育作用，那也正是以惡龍的形
態現身的愛樂——陽具蛇妖一個——所代表的意義，反觀賽姬，她的
內心擁有一套無意識原則，使她有能力挑選、篩分、建立關係並加以
評量，就這樣在陽性的混亂狀態中找到自己的出路。相對於阿芙羅狄
特的母系立場，賽姬在她的第一件苦役就達到了挑選階段——對阿芙

歷史或社會的事實。〔中譯注〕諾伊曼《意識的起源與歷史》頁27：「環狀蛇的『沼澤』
階段和早期的母系社會，正如巴霍芬所描述的，是每一種生物互相吞食的世界」。魯本斯
（Pieter Pauwel Rubens）取材於戶外大型園遊會（fête champêtres）這個義大利文藝復興主題
所繪的油畫《愛情園》（Garden of Love, c. 1633, Museo del Prado, Madrid），呈現「情挑」
的盛況，雖是以當代現實為背景，應該有助於我們理解諾伊曼引述巴霍芬的旨趣。
[94] 螞蟻雄兵：典故出自特洛伊戰爭希臘第一勇將阿基斯所率領的部隊，任勞任怨、忠心耿耿
而且驍勇善戰，是螞蟻變成的（見奧維德《變形記》7.614-60）。
[95] 〔原注〕Kerényi, "Urmensch und Mysterien," EJ 1947.
[96] 人從土而生，這是世界神話共通的母題。土生神話顯而易見的一個目的是從根斬斷母系承傳
血緣的生理事實，以父系政治徹底取代母系制度。此一神話在意識形態上具有深刻的意涵，
雅典人甚至賴以奠定他們的政治文化性格（翁127-80）。

羅狄特來說，陽性根本無差等，各個面貌模糊不可名狀，正如伊絮塔
的儀式和許多秘儀所顯示的。即使在這個無明階段，賽姬就已獲得憑
「自然之光」照亮所處形勢的條理化本能的幫助。

　　這把我們帶到對這件苦役作出普同性更高的一個詮釋。混成一
堆的種子、果實和穀物也代表出現在阿芙羅狄特所了解的純陰天性中
那種多產的性向與潛能雜亂無章激盪不已的狀態。賽姬的行動帶來秩
序，使得它們破天荒能夠發展。無意識的精神原則已經在賽姬的內心
發生作用。這原則為她而運轉，使事物有條理因而能為她所用。

　　換句話說，賽姬的發展並沒有違抗無意識和本能這兩股「陸地的
勢力」。毫無疑問，她代表朝向意識、光明與個體化的發展，可是跟
男性同樣的發展成對比的是，她保存了把她和無意識的根基繫結在一
起的臍帶[97]。希拉和黛美特的「中立」也可以從這個觀點來了解。賽
姬和阿芙羅狄特的衝突發生在陰性的領域。那不是某一個體——不論
其為男人或女人——和該個體尋求棄絕或直接對立的陰性－母性之間
的衝突。我們已經強調過賽姬的行為是「陰性的」，而且敘事中影射
此一事實不計其數。她的純真，連同她屈從於愛樂的情景，她「熱情
的耳語」，以及她動不動就絕望的傾向，在在都是道地的陰性。她的
情意和意志尤其如此，雖然不像男人那麼堅定不移，卻在柔軟當中展
現令人驚異的韌性和堅持。

　　我們不該忘記，在愛樂遺棄賽姬之後，接著河流為難她自殺的
意圖，因此證實對她而言退化是不可能的事之後，她第一個遇到的是

---

[97]〔原注〕說來不足為奇，「傻瓜」和兒童在童話故事和神話的發展情況類似。他們也經常得
　　到動物的援助。

什麼人。正如這故事一再看到的，看來只是偶發事件，純樸祥和而洋溢田園風味的風俗畫筆觸，結果卻證實為富含深刻的神話意義。「當時正巧鄉野神潘恩陪伴茵音仙女坐在河邊，抱著她，教她……」。憑他的「先見之明」，就像「聰明人說的」，他當下看出她的處境；就是他開導賽姬，使她重拾求生的意願，並且對整個後續的故事影響深遠。「直接去找愛樂，他可是眾神當中勢力最大的，只要誠心向他祈求，用柔情順心爭取他就是啦，因為他有情有愛，是個軟心腸的年輕人。」

潘恩是存在於自然界的神，「年紀一大把又經驗豐富」，見多識廣，是個「放羊的老粗」，親近土地和動物，熱愛生命和生物——因此具備「年紀一大把」所有的便利。他給賽姬這樣的忠告：愛樂是眾神當中最偉大的；至於妳，賽姬，守住妳的陰性本性去爭取他的愛。說來不意外，茵音仙女在他的臂彎裡，他求之不可得的心上人，後來變形成為他的音樂，成為他永生永世寄情的對象。他明理，他有情，他屬於大自然，是賽姬真正的良師益友。他的身影完全留在背景，可就是這個「老哲人」為賽姬的發展方向定了調。

表面看來，阿芙羅狄特強加給賽姬的苦役只是充滿敵意的借刀殺人之計，是奸詐的女神圖謀毀滅她。可是潘恩勸賽姬應該贏取愛樂的情，這一番忠告使得看似沒有意義的事情有了意義。就是透過老哲人的這些話，阿芙羅狄特的苦役一變而為賽姬的行動。由於潘恩開啟了賽姬的眼界，使她明白阿芙羅狄特看似霸道的苦役所隱含的意義，這些事件終於成為指示方向的路標，具體指向愛樂，也因此賽姬執行苦役的過程一變而為一條**道路**。

　　阿芙羅狄特強制賽姬完成的第二件苦役更詭異。她要賽姬收集一束「閃閃發亮的金羊毛」。這一次是喃喃絮語的蘆葦告訴賽姬如何進行。阿芙羅狄特強制的這一件苦役到底是什麼名堂？賽姬怎麼完成？有什麼意義？「純樸可親的蘆葦」又是什麼樣的角色？

　　賽姬得去收集的羊毛，精確地說是沒有閹過的成年公羊身上的毛。按蘆葦的說法，那些公羊具有毀滅性的魔力。蘆葦說的話把那些公羊跟太陽的關係交代得清清楚楚，即使我們不知道在埃及、追尋金毛羊皮的傳說以及其他五花八門的事例中公羊所隱含的太陽意義[98]。

　　賽姬得到警告，等到日落以後才走近那一群「恐怖」的羊。理由如下：「艷陽當空照，羊兒火氣旺，此時以力取，徒然惹暴戾；羊角尖又尖，前額硬又硬，又有毒齒利，當心把命送。」太陽的公羊是陽性破壞力的象徵，呼應母系社會所經驗負面的陽性死亡原則。阿芙羅狄特神眼看人低，自信滿滿認為這將會是死亡末日的一招，指派陰柔的賽姬去收拾並掠奪毀滅性陽剛原則，亦即狼吞虎嚥的太陽，其毛髮／光芒即是太陽公羊（the solar ram）的羊毛。這就是，正如我們在神話經常看到的，偷一根頭髮或一束皮毛的意義。此一象徵意義上的「閹割」必定是宣示佔有對方，壓倒對方，把對方「去勢」[99]。黛利拉剪掉太陽英雄參孫的髮辮，以及達納俄斯諸女所犯元始的、阿瑪宗

---

[98] 〔原注〕Kerényi, *Töchter*, pp. 30 ff. 〔中譯注〕追尋金毛羊皮的故事，見奧維德《變形記》7.1-158，或拙譯《尤瑞匹底斯全集一》附錄二〈米蒂雅神話〉。

[99] 〔原注〕諾伊曼《意識的起源與歷史》頁59. 〔中譯注〕「去勢」（"depotentiation"）一語雙關，既指閹割，又影射「大勢已去」，即剝奪對方的潛能。諾伊曼原注引述的資料來源也提到，女人貞操被奪形同男人被去勢。奧維德《變形記》也記載一筆「剪髮去勢」事件，見8.9-151。

女人族式的罪行，都是這個意思[100]。

　　賽姬似乎注定要毀於摧枯拉朽的陽剛原則，彷彿她必須在這陽性太陽威力日正當中的毀滅性烈火之下熔解，因為刺眼的太陽金毛公羊象徵原型意義上具有壓倒性而陰性不能面對的男性精神威力。此一致命的精神原則的原型威力即是「父系銜尾環蛇」[101]顯現其負面的作用，陰性與之接觸必定像瑟美莉面對宙斯顯現真身，不然就是像密尼阿斯的女兒，她們反對酒神狄奧尼索斯只是徒勞[102]。唯有以全面開放的宗教態度接納面對陰性則創造力勃發的這個精神原則，陰性才可能浩劫餘生。可是到了那地步，它也被陽性給蠱惑，隨被捕受困而來的是一切的福氣和危險[103]。

　　然而，公羊代表這個原則負面的意義，這個原則致命的侵犯力則是無意識威力闖入心靈進行大突擊的象徵。顯現在個人的層次上就是賽姬起初有自殺的傾向。奮戰原型世界——那是眾神的本質——賽姬感到實力懸殊。一次又一次證實她不自量力。唯有藉著日益堅強的人格整合，藉著自我更進一層的發展，生而為人的賽姬才可能抵抗這一場攻勢。又一次賽姬看來注定要失敗。

　　可是蘆葦幫了她。蘆葦是陸地的毛髮，連繫深處的水域，水則是與公羊火相剋的元素——蘆葦就是從那片水域獲得富有彈性的柔軟

----

[100] 黛利拉與參孫的故事，見《舊約‧士師記》16:4-19。達納俄斯諸女的罪行，見注47。

[101] 〔英譯注〕參見Neumann, "Die psychologischen Stadien der weiblichen Entwicklung."

[102] 〔原注〕Aelian, *Varia hist.*, III, 42. 〔中譯注〕瑟美莉和宙斯生下酒神狄奧尼索斯。她在懷孕時，要求宙斯顯現真身。由於宙斯的本尊是雷電神，瑟美莉當場殞命，胎兒即時獲救（詳見奧維德《變形記》3.299-315）。米尼阿斯的女兒拒絕參加酒神崇拜儀式，被變成蝙蝠（詳見奧維德《變形記》4.1-42, 389-415）。

[103] 本段所述的現象，不難在現實世界得到印證，音樂領域的馬勒和愛爾瑪、雕塑領域的羅丹與卡蜜兒、哲學領域的沙特與西蒙波娃只是最廣為人知的三個例子。

度。蘆葦對她耳語，傳達潘恩似的、屬於植物世界的智慧，也就是成
長的智慧：等待，要有耐心。事情會改變。時間會帶來忠告。不會一
直是日正當中，陽性世界不至於有死無活。不以武力攻擊。總會有豔
陽不再高照而日薄西山的時候，熱氣不再猖狂逼人的時刻總會到來。
傍晚到了，接著是夜晚，太陽回家，也就是陽剛原則逼近陰性世界而
赫遼斯「旅航前往神聖黑夜的深處，前去會合母親和他的妻子還有許
多孩子[104]。」

　　隨後，太陽下山，愛心局面隨之而起，在這樣的時機去取太陽公
羊的金毛既自然又安全。不論在物理上或心靈上，這些毛髮／光芒都
是陽性豐產的來源，而陰性，就其為積極的大母神而論，則是把太陽
種子的絲線捻成自然之網的大織女[105]。極其類似的是黛利拉負面的行
為，她趁參孫睡著時偷他的頭髮，他則是大展愛功業已筋疲力竭。她
也是黑夜的陰性角色，其人格化的形態，一如參孫，隱匿了神話的形
相[106]。

---

[104] 〔原注〕Stesichorus, 引自Keréyni, *Töchter*, p. 28。〔中譯注〕赫遼斯：希臘神話的太陽神，
即古代視覺藝術所呈現鬈髮頂芒冠、駕金光閃閃的四馬拉車周巡天界的健美青年。他每天
清早從東海上升，開始一天的行程，到了西海才下沉。夜晚在睡眠中，有一艘金船載他沿
陸地北緣到東方上升的地點——此即希臘版夜海旅航的原型神話（詳見《陰性追尋》頁97-
100）。由於阿波羅是光明之神，因此後人把他和赫遼斯搞混，誤把阿波羅當作太陽神。諾
伊曼所引的Stesichorus是公元前六世紀的希臘詩人。

[105] 〔原注〕Keréyni前揭書頁81。

[106] 〔原注〕黛利拉是負面的陰性，是破壞性的阿尼瑪；可她也是奮戰亞衛原則（YHWH principle）
又奮戰意識的致命迦南母神。〔中譯注〕YHWH發音近似Yahweh（「亞衛」，傳統上依和
合本稱為「耶和華」是根據基督教誤讀猶太教上帝名字為Yehowah或Jehovah的誤譯，因此
面臨越來越多的挑戰），意思是「主」，希伯來文《舊約》用於稱呼「上帝」。《舊約》
成書之後，為了對這個不可名狀之名表示尊敬，猶太人在聚會堂遂稱之為Adonai，意思
是「我的主」（參見《陰性追尋》頁121）。所謂「耶和華原則」，也可以稱作「尊陽原
則」，取其獨尊陽性之意。筆者在《情慾幽林》引論〈千面女神說從頭〉拈出「男權革命大
憲章」，即是分析《舊約》失樂園神話如何打壓母系制度以體現尊陽原則（參見《陰性追

就這樣，阿芙羅狄特原本計劃要消滅陰性，蘆葦的幫助卻消弭危機於無形；陰性只需要聽從本能就足以在夜幕低垂時跟陽性建立有善果可期的關係，即愛情關係。因此，陽性與陰性劍拔弩張你死我活的對峙形勢就這樣給超越了。

比起男性精神原則以燃燒和殺害為本的銳利知識，蘆葦未卜先知的智慧證實為更勝一籌。這種陰性智慧屬於「母系意識[107]」，本著守候、植物性與黑夜的途徑從男性太陽精神的殘殺威力取「其所需」。它不曝露在公羊威力的凶光烈焰之前；如果陰性要直接面對公羊力取所求，那注定是毀滅收場。可是在夜幕低垂時，此時陽性的太陽精神返回陰性的深處，陰性──彷彿是在不經意間──找到一束金髮，那是光明的豐產種子。

我們再一次看到解決問題不在於鬥爭，而是在於為陽性與陰性創造有善果可期的接觸[108]。賽姬恰恰是黛利拉的相反。她並沒有採取恐怖母神和負面阿尼瑪的親密戰友的方式，殺害已被繳械又體力透支的男人以便奪取他的力量。她也沒有像米蒂雅那樣，使用詭計和暴力盜取金毛羊皮；她在平和的情勢中發現自己不可或缺的陽性成分，絲毫沒有傷害到陽性。

在我們的詮釋中，起先的兩件苦差事就這樣提出一個「情慾難題」。說來奇怪，阿芙羅狄特當初提出這些苦役，並不是當作「情慾

尋》3.7〈男權大革命〉）。本段最後這個句子的意思是，黛利拉原本是神話人物（此所以描述詞不是「女性」，而是「陰性」），後來經歷人格化（being personalized）而具備人格（personality），神話色彩不復可辨。
[107] 〔原注〕Neumann, "Über den Mond und das matriarchale Bewusstsein."
[108] 這句話可以取為我在《陰性追尋》一書所要闡述的旨趣。

難題」，而是當作種子的分類和金羊毛的尋求，卻在事情解決之後說愛樂從旁幫助。「誰暗地裡做這件事，我清楚得很。」其實她必定心知肚明，愛樂病在床上，在她的宮殿裡關禁閉。不管怎麼說，阿芙羅狄特和賽姬之間似乎有那麼靈犀一點通，阿芙羅狄特從中了解到不只是她出的難題具有「情慾」特徵，連賽姬迎刃而解也一樣。

表面看來，第三件苦役似乎跟這個文義格局扯不上關係。阿芙羅狄特打發賽姬拿水晶容器去裝滿注入怨恨河和哀泣河這兩條冥河的水源之水。這個任務看來不可能完成。水源從高山最頂端的斷崖奔瀉而下，有蛇全天候看守，更令賽姬氣餒的是水流本身不斷呢喃：「走開！當心！」這一次天外飛來的援兵是宙斯的神鳥，就是早先把噶尼梅德銜往天界的鵰，牠還記得當初愛樂的玉成，因此前來幫助賽姬[109]。

這一件苦役是追尋生命水的變體，生命水則是得之不易的珍品。故事中連提都沒提過這泉水到底具備些什麼特性，甚至連它是什麼特殊種類的水都不曾暗示過，因此我們可以假定箇中奧秘不在於水的特性，而是在於取得它所需特定的困難。本質上，這泉源的特色是結合最高與最低；它是銜尾環蛇般的環形水流，注入下界的深處又高高升起，從「大山」最高的斷崖奔瀉而下。困難的是以水瓶盛這泉源的水，泉源象徵生命能量之流，是神話世界具體而微的洋川[110]或尼羅河。阿芙羅狄特認為這任務不可能完成，因為在她的心目中，生命之流非人力所能及，它處於恆動的狀態，永遠在變化、承傳、生生死死。此一水流在本質上的特色正是不可容納。因此，賽姬就其為陰性

[109] 宙斯愛上美童子噶尼梅德，因此要他的神鳥把噶尼梅德叼到天界當他的酒僮。
[110] 按古希臘的世界觀，大海（今稱地中海）為陸地所包圍，陸地的外緣即是洋川。

容器而論[111]，她是奉命去容納水流，去化無形為定形，使流動不已的靜止下來；就其為個體化的容器而論，亦即就其為曼荼羅壺[112]而論，她奉命從流動不已的生命能量標界出具有一定形態的統一體，使生命具備形式。

由此明顯可知，這生命流除了無意識不可容納的能量這個廣義的意義，同時也具備和賽姬息息相關的特定的象徵。一如曼荼羅壺所裝填的內容，這水流是雄性單系生殖，無異於世界各地無數河神的原型受孕能力。和陰性心靈比起來，這水流是插入以遂行授精之物——即父系衛尾環蛇——所具備男性靈氣沛然莫之能禦的力量。阿芙羅狄特交付給賽姬而賽姬終告解決的無解難題就是包容這力量而不至於魂飛魄散。

為了進一步了解這個文義格局，我們必須說明出現在文本中的種種象徵。鵰使得這一件苦差事能夠完成，這是什麼意思？為什麼鵰這個陽性精神象徵屬於宙斯和大氣的領域？更具體地說，為什麼是把宙斯最喜歡的男孩叼往奧林帕斯山的這隻「噶尼梅德的鵰」？這當中看似有太多的母題糾纏在一起，卻全都有助於澄清賽姬在奮戰阿芙羅狄

---

[111] 諾伊曼在《大母神》第四章〈陰性的主要象徵〉（頁39-54）列出這樣的象徵等式：女人＝身體＝容器＝世界，腹部與子宮則為其根本特性的象徵。

[112] 曼荼羅：mandala，音譯梵文「圓形之物」，意譯可作「輪圓俱足」或「聚集」，印度教密宗和佛教密宗以其為宇宙的具體象徵，是諸神聚會的聖和宇宙力量的聚焦點；身為宇宙縮影的人在精神上「進入」曼荼羅並向其中心「前進」，象徵經歷宇宙的分解與復合。曼荼羅以一個圓圈內含複雜的圖案幫助冥想，期能獲致個體靈魂的脫胎換骨。有人把mandala譯成「曼陀羅」，其實「曼陀羅」（mantros）指的是神秘咒語，通常伴隨曼荼羅冥想而使用，此等經咒形式則總稱為「坦特羅」（tantara）（至於茄科植物中的曼陀羅屬是datura）。榮格認為曼荼羅是象徵恢復秩序的「不可思議的圓圈」，「是一種原型意象……意味著自體的完整性」（Jung 1997: 465, 413）。諾伊曼說曼荼羅，一如「有一個中心的圓圈，以及陰陽同體的衛尾環蛇」，象徵「以自體為心靈中心的結構上的完整」（Neumann 1954:417）。用比較淺顯的措詞來說，曼荼羅象徵男男女女的心靈總合體。

特時所處的形勢。

　　首先，噶尼梅德和賽姬有個顯而易見的相似之處。他們兩個都是神所鍾愛的人，兩個最後都被帶上奧林帕斯山，以陸地－天界的伴侶前去陪伴他們的神界情人。這是宙斯同情賽姬的第一個徵兆，她的故事最後的結局因此大勢底定。他偏袒他的兒子愛樂[113]，部分是出於陽性同情心，因為他也知道愛情來襲的意義，部分則是出於他對大女神的反動，因為大女神有個分身是希拉，宙斯的妻子，制止丈夫戀愛的自由不遺餘力，另一個分身是阿芙羅狄特，想盡辦法要對兒子愛樂施加同樣的限制。

　　說來不意外，宙斯和噶尼梅德的同性戀關係對於愛樂和賽姬是一大助力。在別的場合我們討論過同性情慾（homoerotic）和同性戀的男性伴侶行為有如「鬥爭者」，對大母神的宰制發動解放戰爭[114]。在這裡，我們再度看到愛樂必須先擺脫他身為兒子情人的地位，才有可能跟賽姬建立自由且獨立的關係。

　　陽性精神面的中心象徵是鵰，賽姬的第三件苦役得力於此，這跟先前的經歷並非毫不相干。根據我們的詮釋，第二件苦役的重頭戲在於「馴服」有敵意的陽剛原則，在於藉情慾約束以父系銜尾環蛇的形態出現而可能帶來毀滅的勢力。正是由於這一番與陽性達成妥協，賽姬得以更進一境，跟噶尼梅德的鵰這個陽性精神世界進行溝通。在第一件苦役，自然的本能力量已經，可以這麼說，「無意識地」發揮作

---

[113] 愛樂的出身有多種不同的說法，說他是宙斯的兒子只是其一，而且是相當晚出的（參見故事注15）。

[114] 別的場合：〔原注〕見諾伊曼《意識的起源與歷史》頁96以下。〔中譯注〕伴侶：包括發生戀情的雙方。

用；接著在第二件，賽姬已經設法避開陽性精神強勢的襲擊，並且從中取得她所不可或缺又有善果可期的一束金羊毛。在第三件苦役，更進一步的發展降臨在她身上。幫助她的精神原則是鵰的陽性精神，後者窺伺戰利品然後俟機將之叼走，此一精神原則使她得以裝盛一些生命的活水流，並且賦予形式。鵰抓緊容器深刻象徵賽姬已同時具備男女兩性的精神屬性：賽姬以一個動作就像女人那樣「接受」，也就是像女體容器那樣收納而後懷孕，卻也同時像男人那樣捕捉然後認識。這生命流的循環力量，陰性心靈所經驗到的是男性授精和難以招架，它屬於我們稱之為父系衛尾環蛇的前完形階段[115]。其使人昏瞶、具毀滅性的明亮是以太陽公羊群[116]為象徵，其不可容納、難以招架的能量則具形為循環水流。鵰的陽剛原則使賽姬接受它的一部分而不至於被毀滅。

　　一個是從光明洋溢中分離出一束羊毛，另一個是從水流盈滿中汲取一瓢水。這兩個象徵在不同的層次意味著賽姬能夠接受並同化於陽性世界，進而賦予形式，不至於被勢如破竹的靈氣給毀滅。

　　由於賽姬降生於陸地，她所能接受並賦予形式的只是無限當中她能力所及的那一部分，可也正是那一部分適合她，並且造就她成為人類的一份子。此一賦予形式的有限能耐乃是她所具現的個體化原則的

---

[115] 二十世紀初在德國發展出來的「格式塔心理學」，又稱「完形心理學」，強調經驗與行為的完整性，以知覺、學習和思考的統一為研究對象，其要義在於整體不等於部分的總和這個概念。所謂「格式塔」乃是音譯德文的 *Gestalt*（形式，結構），英譯作 configuration，中譯「完形」不難顧名思義，事實上格式塔心理學就是從視覺經驗的研究發展出來的。諾伊曼借用此一術語，以「前完形」（Vorgestaltlichen）指稱意識尚未臻於完整而統一的自體之前的發展階段。

[116] 群：特別表明「公羊」為複數的 *rams*，因為複數表示程度上的極致。

基礎。在陳明第一件苦役中雜亂無章的種子堆、第二件苦役中毀滅性的陽性明亮，以及第三件苦役中形同父系銜尾環蛇的授精能量，我們見識到陽性沛然莫之能禦的靈氣威力。可是進一步的檢討可知，這三種跡象也可以說是愛樂之為惡龍－妖怪的跡象，因為授精、使人眼花撩亂的光芒與動態的威力是他展現效能的三個階段，是他的實體三相。

在這光明中，「愛樂消失」具備新而神秘的意義。表面看來，愛樂消失是因為賽姬違背他的誡令；在更深一層的意義上，他這一消失其實是回到「母親身邊」，因為這是以柏樹和他返回俘虜的狀態為象徵──柏樹是大母神的神樹，愛樂坐在樹上就像一隻鳥，俘虜之地則是阿芙羅狄特的宮殿。可是在最深奧的層面上，我們必須了解愛樂消失是因為賽姬點了燈竟然認不出他「真正」的身分。後來是在她自己的發展過程中，愛樂才逐漸向她顯現他的真相。他的顯相取決於她，他是伴隨並且透過賽姬才產生蛻變。她每完成一件苦役，就捕捉到他實體的一個新範疇──可她並不知情。

她為他而完成的苦役是她的自我意識直線成長的過程，同時也是她對愛樂的認識有增無已的過程。正因為這是逐漸發生的，也因為她設法不被愛樂充沛的靈氣給毀滅，她每完成一件苦役就變得更自信，也更適合愛樂的神威與神相。

阿芙羅狄特原本設計要陷害她，結果事與願違，詭計一變而為實現個體化的苦役，這其間賽姬乃是得力於鷳──即無意識陽性精神──才功德圓滿。這是賽姬的發展最可稱奇之處：**藉由**意識全程作陪的**朝向**意識發展的過程。可是由於她，無意識的動力扮演了比在陽性

意識的發展更醒目的角色。比起陽性英雄在其相對應的經歷，如海克力斯或佩修斯的事蹟[117]，賽姬就其為一個自我而論，她的獨立活動能力是略遜一籌，可是她所順從的無意識整體的獨立活動能力卻更引人入勝。

「賽姬的苦役」有一特色：牽繫[118]的成分，即愛樂成分，與陽性精神要素如影隨形的程度有增無已。陽性精神要素起初是無意識的，後來卻逐漸發展成有意識的態度[119]。

既然我們必須「從主體的觀點」詮釋這個活動，我們必須把伸出援手的動物當作是賽姬內在的力量來了解。可是，即使她的行動是靠她內在的力量展現，賽姬本人是主動的。雖然，就如同創造的過程，提供動能的不是自我，而是內在的力量，我們的確有相當的理由把這行動歸因於那些力量發生作用所在的個體。

賽姬的個體化過程是迄今尚未成形的銜尾環蛇勢力具體成形。起先她生活在愛樂－猛龍的魔咒之下，完全處於無意識狀態，即巴霍芬所稱的沼澤階段；此時銜尾環蛇圈在黑暗中運轉，不受意識作用所中斷，不受照明擾亂或干擾。這就是「生命」本身，生命即黑暗中的

---

[117] 海克力斯以完成十（或十二）件苦差事知名於希臘神話，因而有「海克力斯的苦役」（Herculean labors）這個比喻艱鉅任務的英文成語，憑其無與倫比的體能和堅忍不拔的毅力而成為天下第一英雄，諾伊曼所稱「賽姬的苦役」即是套用此一典故。佩修斯是希臘神話中太陽英雄的典範。他是宙斯化作金雨和達娜葉交歡所生，殺死蛇髮女妖梅杜莎，斬海妖娶得受害的女人為妻，建立邁錫尼城。

[118] 牽繫：relatedness，心理學用於指稱與意義重大的人建立並維持良好的相互關係，其特性包括接受、信任、理解與影響。榮格以此一術語標識陰性意識的典型特色。

[119] 有別於諾伊曼在前面說愛樂是神、是阿芙羅狄特之子時，係視愛樂為賽姬之外的另一個人，現在的說法顯然是視愛樂為賽姬的一部分，是賽姬的無意識的部分內容。這兩種愛樂觀並不衝突，因為諾伊曼正是藉賽姬的神話故事（這是前一個觀點）探究女性深層心理——即心靈——的發展（這是後一個觀點）。

驅力[120]，是猛龍的感官樂園，開始與結束都在無意識黑暗狀態的循環圈。賽姬的行動不停地打擊這個循環圈。有光與意識的侵襲；個體關係和愛取代無以名狀的淫慾和僅止於驅力的無明擁抱。

如果我們認定賽姬的發展過程具有原型的意義，那麼賽姬－愛樂類聚體就成了男女關係的原型。他們被吞沒在無意識的無明樂園中，這個階段呼應心靈的存在最初期的銜尾環蛇的狀況。那是心靈同一的階段，所有的一切全都束縛在一起，融合又混雜難分難解[121]，就如同「參與神秘」的狀態。心靈的生命處在黑暗——也就是無意識混合——的階段，那個階段是無意識的刺激、擁抱與受孕。一個賽姬在黑暗中與愛樂結合的象徵意義極其適合集體無意識中內容物普遍的相互關係。

賽姬的舉動，正如我們已明瞭的，促成前所未見的心靈狀況。愛與恨、光明與黑暗以及意識與無意識彼此發生衝突。這是原初父母分離的階段，此其間對立原則開始出現。意識之光連同其分析與分離的能力闖入先前的局面，把無意識的同一轉化為互相對立的兩極關係。可是此一對立甚至在賽姬採取行動之前就已經類聚[122]在她的無意識；事實上就是那個對立的狀態導致她採取行動。

愛樂和賽姬在黑暗中擁抱，這代表對立的雙方初步卻無意識的吸引，此一吸引力自然而然賦予生命卻尚未具備人性。可是光的來臨使

---

[120] 驅力：drives，心理學用於指稱要求立即滿足的緊迫的基本需求，通常源於生理上的緊張、缺陷或不平衡（如饑渴），促使機體進行活動。本段結尾處提到「僅止於驅力的無明擁抱」，指的就是盲目的性驅力。
[121] 〔原注〕參見諾伊曼《意識的起源與歷史》頁5以下。
[122] 類聚：「類聚體」（見注42釋義）的動詞。

得愛樂「可見」，再也無從隱形，它顯示下述的現象：心靈之愛，因此包括一切人類之愛，即是牽繫的原型具有人性而且更高級的形態。唯有賽姬的發展臻於圓滿——這是她在尋找肉眼不可見的愛樂的過程中完成的——才會帶出牽繫的原型最高級的表現：神性愛樂結合神性賽姬。

賽姬對愛樂的個體之愛，就其為光明世界的愛而論，不僅僅是陰性個體化的一個本質要素，根本就是**唯一**的本質要素。陰性個體化以及陰性的精神發展——這一則神話故事的基本要義盡在其中——總是透過愛完成的。透過愛樂，透過她對他的愛，賽姬發展的方向不只是朝向他，而且是朝向她自己。

隨賽姬的愛獲得獨立而出現，阿芙羅狄特卻認為不可能的新因素，乃是陰性生命應當具備「剛毅之心和超乎女人的謹慎之上的謹慎」。阿芙羅狄特不相信有哪個女人具備這些陽性特質。對於賽姬持燈引光之舉所做的說明正可看出賽姬之所以為賽姬。就她而言，「勇氣取代了她的性別先天上的軟弱」。可是，賽姬的發展獨一無二的特色在於，她不是直接達成使命，而是採取間接的途徑；她完成她的苦役是得到陽性的助力，卻不是採取陽性生命的立場。即使她被迫去鍛鍊她天性中的陽剛面，她仍然一貫忠於她的女人身分。這一點在阿芙羅狄特驅使她的最後一件苦役或許表現得最清楚。

〔愛情世界的夜海旅航〕

在童話故事和神話故事中，勞役的件數通常是三，賽姬的案例卻

多了第四件苦役，深具特色。四這個數目象徵完整。我們已經知道前面三道難題都是得力於「助手」，也就是賽姬無意識的內在力量。可是在這最後的勞役，賽姬必須親自完成女神交代的事。到目前為止，她的助手屬於植物和動物界；這一次她得力於塔，那是人類文化的象徵。正如我們試圖說明的，賽姬在先前的三件勞役是搏鬥陽剛原則。在最後這第四件勞役，她直接奮戰最重要的陰性原則，即阿芙羅狄特－珮塞佛妮的聯合勢力。

她得要老老實實往下界走一趟。在前面一件苦役，賽姬已經從最高的山巔斷崖取得寶物，如今她追尋的對象在最低的深處，在珮塞佛妮自己的手中。

到目前為止，我們詮釋她的勞役是為了了解她的助手，如今我們得要反其道而行。塔具有多重的象徵意義。就曼荼羅－封閉區而論，塔是陰性的：堡壘與城市與山嶺，其文化上的對等物是階梯塔與廟塔，即金字塔；說來不意外，牆的最高處是至尊陰性神明的冠冕[123]。可是塔之為土地凸起物也是陽物：樹木、石塊以及牆都是。除了這個雙性要義，塔又是壯觀的結構，是人類憑雙手矗立起來的建築物，是人類集體的、精神的勞力產物；所以說它是人類文化與人類意識的象徵，因此故事中說是「遠視界的塔」。

這塔指示賽姬怎麼樣才能夠以個體，以女人和人的身份，擊敗兩位女神致命的結盟。這二合一的神相，一為統轄神性－上界的阿芙羅

---

[123] 即大女神的后冠，其蘇美形制見拙作《陰性追尋》錄《伊南娜入冥》17行注，後來更常見的是城樓冠，亦即冠冕以城堞造形為裝飾圖樣，這是目前習見的冠冕形制的前身，原本是大女神所專有。

狄特、希拉和黛美特三相女神，一為統轄神性－下界的珮塞佛妮。在這趟「最後的旅程」，賽姬首度單槍匹馬。沒有動物能夠幫助她，因為走上這趟旅程，任誰也無法代勞。

孤家寡人一個，賽姬踏上英雄道的重生之旅，為的是她的愛，為的是愛樂，她配備塔的告誡和孤注一擲尋找心上人的誠心，又一次無視於艱難險阻。以前有過鵰把人間某某帶到天界高處，如今賽姬得要把地底下的什麼隱秘帶回這世界。

前往珮塞佛妮的這趟旅程，沿途細節跟我們的論題無關；付錢幣給卡戎當船資和丟麥餅餵食冥狗柯勃若斯是傳統的母題，並非賽姬的故事所特有。珮塞佛妮的慣例行為也一樣。禁止在下界進食的規矩是幽冥世界之旅的原型特色（舉例而言，我們也在美洲看到類似的說法），不足以為賽姬這趟旅程添增特定的風味。可是不許賽姬幫助驢伕、屍體和紡織女，這可就大開我們的眼界。

我們面臨的可能還是傳統的母題，可是這些母題對賽姬具有特殊的意義。正如塔教導賽姬的，「憐憫不合法」。如果，就像我們將要指出的，賽姬所有的動作表示啟蒙儀式[124]，這一道禁令意味著堅持每一種啟蒙都要求的「自我穩定」。在男人當中，這個穩定性就表現在忍受痛苦、饑餓、口渴等等，不一而足；可是在陰性領域，它以抗拒

---

[124] 啟蒙儀式：為了授予秘訣或承認特殊身分而舉行的特定儀式；參見坎伯《千面英雄》書中〈啟蒙〉和拙作《陰性追尋》2.10〈太陽英雄的啟蒙之旅〉。啟蒙儀式屬於過渡儀式（rite de passage）的一種。過渡儀式：象徵一個人在生命過程中由某一社會範疇進入另一個社會範疇或群體所舉行的儀式，法國人類學家Arnold van Gennep於1909年拈出此一術語，用以概括社會中一切因應身分變化而舉行的種種儀式，其中最重要的四種是出生、成年、結婚與死亡。弱冠禮即是成年儀式。但丁《神曲》和新兵入伍訓練分別是文學與現代社會廣為人知的過渡儀式。

憐憫的形態出現，深具特色。此一意志堅強的自我所秉持的堅定，一心一意專注於目標，可見於不計其數的神話故事和童話故事，總帶有不轉身、不答話之類的命令。自我穩定固然是十足陽剛的美德，這一道禁令要求更嚴格，因為它是意識以及一切意識活動的前提。

　　由於「牽繫」，也就是由於愛樂，陰性有分心之虞而在自我穩定方面受到威脅。這是每一個陰性心靈在朝個體化發展的過程中都面臨的難題：它必須為了遠程抽象的目標而暫時擱置近在手邊的工作。因此塔說這些危險全都是阿芙羅狄特設下的「陷阱」是完全正確的。我們不妨回想一下，大母神也有她賦予生命和保存生命的功德，可是在阿芙羅狄特與賽姬的衝突中，她只展現負面的功能。這意味著她在這裡只代表與個體化的需求互相對立的自然和物種[125]。從這個立足點來看，善母神的慈悲為懷可以是個體的拒絕往來戶[126]。

　　牽繫這個普遍的成分是陰性心靈集體結構如此重要的一部分，竟至於布瑞否（Briffault）視其為全體人類社群與文化的根基，他這個論點乃是得自女性團體及其與母親和孩子之間的聯結[127]。但是這一種聯結並不是個體的，而是集體的；它涉及大母神即生命保存者這個特定的功德，也就是大母神即生育女神，而此一功德所關注的不是個體與個體化，而是團體，她責成團體「豐產與繁殖」。

---

[125]　〔原注〕見諾伊曼《意識的起源與歷史》頁284和298。

[126]　見諾伊曼《大母神》頁67：「大母神不只賦予生命，也賦予死亡。」同書頁65：「就陰性將其包容物釋放到生命與光明而言，她是所有生命的大母神與善母神。在另一方面，由於固定功能以及拒絕釋放盼望獨立與自由的生命，大母神是危險的」。〈黛美特讚美詩〉（中譯見《陰性追尋》頁373-06）把大母神的善與惡兩種形象發揮到極致，參見注147。諾伊曼在這個段落的論點足使我們恍然大悟，原來勸人不要心存「婦人之仁」是有心理學上的依據。

[127]　〔原注〕Briffault, *The Mothers*, I, pp. 151 ff. 〔中譯注〕聯結：bond，心理學用於指稱兩人之間感情上的緊密結合。

　　因其如此，憐憫的禁令表示賽姬奮力反抗陰性本性。「援助」本來總是意味著「參與神秘」，要不是假定就是創造一個同一性，因此並非沒有危險。比方說，它可能導致受援者附身在施援者身上。在《天方夜譚》，英雄幫助女巫解除負擔，後者跳上他的背表示「致謝」，怎麼也甩不掉。這一類的例子不計其數。

　　原始民族，正如李維－布呂爾所報導[128]，並不「感激」解救或援助他們的人，比如醫生，反而是更加頻繁地提出要求。就某個意義來說，解救者要持之以恆負責他解救過的生命，彷彿那是他自己的。就像一起吃東西、接受禮物或受邀到別人家裡，援助之舉建立施援者與受援者之間的靈交。此所以賽姬必須拒絕珮塞佛妮的邀請，因為她如果接受邀請就會落入對方的勢力。現在我們就略過剩下的細節[129]，轉向賽姬最後這一項勞役的中心難題。

　　賽姬前往幽冥世界尋找珮塞佛妮的任務是一趟英雄之旅，如果成功就等同於太陽的夜海旅航穿越下界的黑暗[130]。先前的勞役似乎不可能成功，甚至很可能致命，比方說，假如賽姬在中午接近太陽之羊。英雄的每一樣「艱苦勞役」都有死亡潛伏其中，可是最艱苦的勞役莫過於需要直接奮戰死亡或下界。

　　賽姬在每一椿苦役的開頭都被逼到絕望，似乎除了自殺別無解

---

[128] 〔原注〕Lévy-Bruhl, *Primitive Mentality*, ch. II.

[129] 〔原注〕紡織女是大母神廣為人知的一個象徵〔，象徵命運〕；驢伕則以Aucnus之名為我們所熟悉，其神秘意義已由巴霍芬細加闡明；要求賽姬援助的屍體則不難理解為代表被死人——即祖靈——附身的危險。

[130] 赫邊斯（見注104）日復一日的行程即是「夜海旅航」（參見注64中譯注）這個原型經驗。引諾伊曼《大母神》頁158和203：「太陽在西方沉落，在那裡死亡並進入吞噬它的下界子宮」，此一旅航意味著具有自由意志的自我朝獨立的方向發展。詳見拙作《陰性追尋》2.10〈太陽英雄的啟蒙之旅〉。又，西方早自蘇美神話即是以上界、下界分別對應陽間、陰間。

決的方法。現在這個奇怪的母題終於開始具備有意義的文義格局。山
窮水盡疑無路卻柳暗花明又一村，她命中注定的死亡婚姻竟然無疾而
終，代之而起的是愛樂的無明樂園。可是圓滿完成死亡婚姻，正如阿
波羅的神諭所聲明的，是她和愛樂的關係臻於原型意境所不可或缺。
此一事實她一直到現在都還沒有意識到，可是重複出現的自殺傾向已
透露弦外之音。她的珮塞佛妮之行意味著她現在必須有意識地面對死
亡。現在，在她的發展過程的尾聲，她面對此一死亡形勢已經歷脫胎
換骨，不再是未經世故的女孩，而是付出愛心、了解真相並且迭經考
驗的一個人。

　　賽姬經由苦役獲得的意識遠遠超越她在開始之初擁有的本能知
識，只有在這之後，她才可能完成這一趟「最後的旅程」。由於她和
螞蟻、蘆葦以及鵰所象徵的勢力相結合，她有能力採取「遠視界的
塔」所代表的意識態度。既然賽姬意識到自己的目標，既然她已獲致
自我穩定，她不再有意願追隨生命純粹自然的需求，倒是有能力看透
帶有敵意的計謀。她平安返回世間，因為她已經吸收鵰所具備陽性精
神向上攀升的力量，有能力從黑暗世界爬升並且「從上面」看事情。
塔拔地而起，這個象徵表示不再侷限於本能的力量，而是「獲取」，
也就是擁有。

　　賽姬是奉阿芙羅狄特之命去見珮塞佛妮，從上界的女神前往下界
的女神；可是這兩位女神都只是大母神不同的神相，而大母神對賽姬
懷有敵意。愛神阿芙羅狄特和冥后珮塞佛妮的祭禮一再表明這兩位女
神根本是二而一，她們在原型意義上的同一難得像這個情況表明得那
麼清楚。

　　元始原型分裂成兩位女神，結果各有各的祭禮。所有的陰性神明合為一體，就像阿普列烏斯的伊希絲讚美詩所表露的，有學者誤以為那是後世「信仰融合」概念的產物，其實只不過是真正的元始文義格局在後世出現的反射影像[131]。這是不限於一個文化或文化領域的原型事實。按《西藏度亡經》[132]的說法，神和魔只不過是一元尊神的兩相。此一真理，從巴比倫到印度，從埃及到希臘，都有事證。

　　「阿芙羅狄特的黑夜含意有其深刻的意義，雖然古典傳統隻字不提其中涉及愛情黑夜以外的死亡黑夜。可我們還是知道在德爾斐，有位 "Epitymbidia"受到崇拜，指的就是掌管生死兩界的『墳墓尊神』阿芙羅狄特。在下義大利希臘人定居的地方，令人大開眼界的藝術紀念物直接對我們顯示下界女神珮塞佛妮可以具備阿芙羅狄特的神相，而且深刻的宗教經驗就反映在畢達哥拉斯信仰[133]中阿芙羅狄特的兩種神相：一個是天上的，另一個是地下的。阿芙羅狄特也有她的珮塞佛妮相，在明白這一點的南義大利希臘城市塔倫吞，她被稱為『后神[134]』。」

---

[131] 參見拙作《情慾幽林》引論〈千面女神說從頭〉乙節，特別是頁28-30。

[132] 《西藏度亡經》（*The Tibetan Book of the Dead*），又譯作《中陰聞教得度》，係美國學者Evans-Wentz仿《埃及度亡經》（*The Egyptian Book of the Dead*，坊間有人譯作「死者之書」）編纂而成，後來由索甲仁波切改寫成《西藏生死書》風行一時。「中陰」在藏文指「一個情境的完成」和「另一個情境的開始」兩者的「過渡」或「間隔」，佛家用以指稱死亡與重生之間的中間狀態。佛陀的生死知識即是「中陰教法」，「中陰聞教得度」字面意思是「在中陰階段透過聽聞教法而得大解脫」，是死後境界的指南。

[133] 畢達哥拉斯：公元前六世紀的希臘哲學家、數學家和畢達哥拉斯教團的創始人，即畢達哥拉斯定理的發現者，其名言為「一切都是數」，意即一切現存的事物最後都可歸結為數的關係。前面引述的名言充分體現畢達哥拉斯學派的特色：結合理性主義的數目論和神秘主義的計數論，結合講究思辨的宇宙論和主張直覺信仰的靈魂論，理性與非理性交織一體。只就靈魂論而言，該學派相信天界是靈魂的歸宿，靈魂透過倫理上要求嚴格的畢達哥拉斯派靈智生活有可能超升而與神合為一體。

[134] 〔原注〕Kerényi, *Töchter*, p. 170.〔中譯注〕愛神阿芙羅狄特揭開生命的序幕，冥后珮塞佛妮

　　雖然唯有以埃萊夫西斯密教和黛美特－蔻蕊關係——這一點我們在別的場合探討過了[135]——為背景才有可能詮釋第四件勞役，在這節骨眼我們至少必須稍為提示搬演此一插曲的範圍。

　　賽姬行動的意趣在於她穿透母系的領域，又在心知肚明對愛樂付出愛的情況下進境於心靈的領域，即「處於接觸狀態的陰性經驗」，那是女性個體化的前提。我們業已認清賽姬那兩個懷有敵意的陰影姊姊就是母系的勢力。可是由於阿芙羅狄特的干預，那一場姊妹衝突從個人轉移到超個人的層次。

　　蔻蕊－珮塞佛妮和阿芙羅狄特－黛美特是埃萊夫西斯秘儀這一個陰性的中心秘儀的兩大支柱和主宰，關於這個秘儀和賽姬故事的關連，我們將有進一步的說明。在她的最後一件苦役，賽姬發覺自己落在這兩根支柱之間。

　　前面三件勞役清楚表明賽姬如果失敗就會陷入母系的元始心態而翻不了身。那些勞役之所以「不可能」完成，是因為背後矗立典型的母系社會概念：負面的陽性原則將會——這是阿芙羅狄特的希望——遠超過賽姬所能承受的程度。正如賽姬的苦役所揭露的，此一負面原則依次顯示為陽性雜處、致命的陽性以及不可容納的陽性。阿芙羅狄特以這樣的方式毀滅賽姬的意圖終於在第四件勞役達到高潮。

　　首先我們必須參透賽姬求之於珮塞佛妮的美容霜的意義。這一件勞役是阿芙羅狄特交付的，她是賽姬的死敵；賽姬奉命求取的美容霜

　　收拾一切生命，有生必有死，隱含「生中有死」的阿芙羅狄特神即是「墳墓尊神」。

[135]　〔英譯注〕見諾伊曼《大母神》頁305以下。〔中譯注〕中文讀者可參考拙作《陰性追尋》第四章，尤其是頁187-201。

來自珮塞佛妮；賽姬打開盒子，當場就被死亡般的睡眠給征服了。我們的詮釋乃是以上述三件事實為基礎。

在我們看來，美容霜似乎代表珮塞佛妮青春永駐，亦即死亡永保青春。那是蔻蕊之美，是「死亡般的睡眠」之美。那是我們從睡美人和白雪公主見識到的，同樣是由惡母神、後母或老女巫引出是非。那種美屬於玻璃棺，玻璃棺則是賽姬可望退化回歸之地，是仍為姑娘之身所獨有不孕的性冷感之美，沒有對男人的愛，正是母系社會所強制的要求。這種無意識狀態的存在之美賦予女性自然的少女式完美。可是永遠保存的這種美成了死亡之美，是珮塞佛妮之美，而珮塞佛妮並不是人，因為她的存在是神界的一種完美，命運、苦難與認知一概缺乏。這是阿芙羅狄特不為人知的目的：造成賽姬「死亡」，使她退化到蔻蕊－珮塞佛妮階段，也就是她接觸愛樂之前的生命情態。

此處對賽姬構成威脅的是自戀的誘惑。賽姬愛上愛樂，因愛情而「心醉神迷」，阿芙羅狄特恨不得那樣的女人退化，又一次成為在玻璃棺中孤芳自賞的少女，只看到自己，女人的身分則昏睡不醒[136]。把珮塞佛妮的美容霜交到賽姬手中是個詭計，正合阿芙羅狄特的作風，不愧於她對女人了解之透徹。什麼女人能夠抗拒這個誘惑？尤其是像這時候的賽姬，怎麼可能期望她抗拒得了？

賽姬「功敗垂成」，如果我們可以把從打開盒子開始的一系列事件稱作「賽姬的失敗」的話。塔的警告成了耳邊風，和先前愛樂的

---

[136] 〔原注〕前引里爾克詩中尤茹狄珂之死即是這種退化作用在神話的例子（頁99）。〔中譯注〕退化作用（regression）是常見的自我防衛機制，在生命歷程中為避免焦慮、衝突而在潛意識採取自我保護的心理策略，表現為個人行為退回早期比較不成熟、比較不理性的階段以獲得安全感。

警告如出一轍，她打開盒子，沉沉入睡無異於死亡。她歷經艱難險阻又忍苦受難所獲得的一切，如今似乎化為烏有。陷入無異於死亡的睡眠，她歸返珮塞佛妮，情形一如奧斐斯轉身回頭之後的尤茹狄珂。被阿芙羅狄特本身的死亡神相給制服了，她變成蔻蕊－珮塞佛妮，被帶回下界，帶她回去的不是冥神哈得斯，即陽性的死亡新郎，而是現身為死亡之母勝券在握的大母神。

可是正如同黛美特設計對抗哈得斯沒有完全成功，因為蔻蕊已經和哈得斯建立心理學所稱的聯結，又吃了象徵生育的石榴，阿芙羅狄特試圖使賽姬退化到母系的世界是徒勞一場。賽姬懷孕了，她懷愛樂的孕乃是，正如稍後將會說明的，象徵她和他之間深刻的個體聯結。阿芙羅狄特只對自然的生育有興趣，賽姬卻不然——賽姬關心的是個體接觸的生育。顯然賽姬的獨立始自她的懷孕期。在母系領域，懷孕導致母親和女兒的團圓[137]，反觀賽姬，她從懷孕開始覺醒，從此獨立，她的醒悟把自己推向跟愛樂建立個體關係，也就是推向愛情和意識。

〔愛情心理的奧秘〕

隨後的快樂結局，愛樂前來喚醒賽姬，乍看似乎是典型的「機器神[138]」插曲，其實不是，而是意深旨遠並且——如果正確理解的話

---

[137] 〔原注〕凱瑞尼對於埃萊夫西斯秘儀所作的觀察（"The Psychological Aspects of the Kore"）有未竟之處，得要補充心理學觀點的詮釋，陳明這些陰性秘儀即是母系的「世界觀」（Weltanschauung）。見諾伊曼《大母神》頁305以下。

[138] 機器神：deus ex machina，拉丁文用於指稱希臘悲劇中天神下凡，演出時以滑輪裝置的機器把天神角色從屋頂降到舞台，故名。後世據以引申，泛指不合理的劇情收尾。參見拙譯《米蒂雅》1316行注。

——是這一則妙筆生花的神話故事最妙筆生花的轉折。

賽姬「一敗塗地」，到底原因何在？為什麼她偏偏在這個時候「失敗」，在結尾的地方，在她吃盡苦中苦，證實自己是人上人的節骨眼？她情不自禁打開那個決定她整個命運的盒子，難道只是無可抗拒、足可浩歎的女性好奇心攙雜妨礙她完成為女神取得化妝用品之任務的虛榮心？既有遠視界的塔為她指引目標與途徑，再加上她具備已開發的意識和穩定的自我，證實她有能力獨當一面前往下界從事一趟死亡任務，賽姬為什麼失敗？

賽姬失敗，她必須失敗，因為她是個陰性的心靈。可是雖然她不曉得，正是這一失敗帶給她勝利。

想不出女性奮戰猛龍會有更令人神往的形態。我們已在別的地方陳明女性擊敗猛龍的方法是接受牠，如今此一洞識以賽姬失敗這個令人驚訝卻效果毫不遜色的形態表現出來。她已走過英雄之道（我們業已亦步亦趨追隨她的每一個階段），已發展出堅強又激進的意識，就是因為這樣她才失去心上人。可是現在，離終點只一步之遙，她忽視陽性塔－意識的警告，一頭栽入被稱作阿芙羅狄特－珮塞佛妮[139]的致命險境。這一切都沒什麼目的，或者說幾乎沒什麼目的，這一切只是為了討得愛樂的歡心。

賽姬決定打開盒子挪用女神的美容霜時，她對於其中隱含的危險

---

[139] 阿芙羅狄特－珮塞佛妮：意譯即「愛－死」，是愛慾和死亡二合一的生命情態（見注134；參見注181），表現在文學上，早期的例子如《舊約‧雅歌》8:6的譬喻修辭「愛情像死亡一樣堅強，／戀情像陰間一樣冥頑」，晚期的例子如文藝復興以後情慾文學所見「仙仙欲死」的母題，莎士比亞十四行詩第一二九首（中譯見拙作《情慾幽林》）視性為「引人下地獄的天國」即是，雖然該詩明顯流露基督教的禁慾觀。

必定一清二楚。塔的警告夠迫切了。然而，她還是決定不把自己千辛萬苦得來的聖品拱手讓給大母神，還是要盜而取之。

這個故事以美的母題揭開序幕，這母題如今在新的層面上再度出現。當初賽姬因為美貌而被稱作新阿芙羅狄特，因為激起男人的讚賞而引發女神的嫉妒，天生麗質這禮物在她的心目中是不幸。可是現在，就只為了使自己更美，她不惜把無以復加的不幸攬上身。賽姬這一改變是為了愛樂，這改變傳達一項不無悲劇意味的洞察力，雖低調卻深刻。

賽姬是跟女神發生衝突的一介凡人；這夠慘的，可是她的心上人也是神，她怎麼提得起勇氣面對他？她出身陸地的領域，奮揚攀升要成為她的神界情侶的同儕。憑女性的直覺，徹頭徹尾的陰性慧根，卻又不至於對其伴侶的心理完全懵懂無知，她似乎是這麼認為：我的行為，我的苦難或許可以感動他，或許可以逼出他的讚賞，可是孑然一身的靈魂[140]或許還不夠。然而，有件事是確定的：沒有哪個愛樂抗拒得了敷過神界美容聖品的賽姬。因此她偷竊把珮塞佛妮和阿芙羅狄特結合在一起的美容霜。如今，恐怖的事情發生了，死亡般的睡眠（前文已申論「死睡」即退化作用）降臨在她身上──說來不意外，蔻蕊在名為罌粟的山谷遇劫[141]──負面的退化作用似乎開始耀武揚威，而那種心理機制我們已經知道是賽姬真正的危險。

---

[140] 「賽姬」這名字意譯即是「靈魂」，即本書通例作譯名的「心靈」（見注65）。下一句的「愛樂」把專屬的神名作普通名詞，泛指「有情有愛之士」（其實是還原尚未擬人化之「愛樂」的本義）。再下一句陳明愛神與冥后二合一的神相，是文學史上「妖姬」（la femme fatale）形象與「絕情美女」（la belle dame sans merci）母題的神話原型。

[141] 〔原注〕見Jung and Kerényi前揭書。〔英譯注〕見諾伊曼《大母神》頁286。

　　為什麼愛樂在這個節骨眼前來搭救？為什麼我們不願意承認這是狗尾續貂的快樂結局？為什麼我們要辯稱這是整個故事有意義而且不可分割的一部分？

　　起先賽姬犧牲她的愛樂園為的是自己精神上的發展，可是現在她隨時準備犧牲她的精神發展，為的是珮塞佛妮－阿芙羅狄特的不朽之美，這將使她討得愛樂的歡心。她這麼做，似乎真的是退化，卻不是退化回到舊階段，比方說回歸母系的立場。喜愛美甚於喜愛知識，她寧可把自己和天性中的陰性特質重新結合。由於她是為愛樂而美容，她「舊的」陰性特質進入了新階段，不再是青春少女目無他人的孤芳自賞，也不是阿芙羅狄特那種勾魂攝魄的美，後者念茲在茲的只是承傳物種這個「自然的目的」。她現在體現的是戀愛中的女人所特有的美，她盼望為悅己者容，不為別人，就是為愛樂。

　　我們在別個地方說明過，中和性格就其為朝向整體的傾向而論，在原始的層面就反映於全面的身體感[142]，那時候的身體可以說是代表這個總合體，即自體（the self）。跟這個身體－總合體的關係就顯現在已遭污名化的「自戀」這個誤稱，亦即越來越重視自己的美與整體

---

[142]　〔原注〕見諾伊曼《意識的起源與歷史》頁307。〔中譯注〕中和性格（centroversion）的概念是諾伊曼對深層心理學的一大貢獻。根據他本人在《意識的起源與歷史》頁286-7的定義，「中和性格是在整體之內各組成部分之間創造統一，並且將其差異綜合成種種協調系統的先天傾向。此一整體的統一固然由補償過程（compensatory process）維繫，卻是在中和性格的控制下，並且促使整體成為有創造力、不斷擴展的系統。」他在同書頁307又寫道：「中和性格在最初的意識階段顯示為自戀心理，也就是個性（individuality）最初表現在身體的統一這種全面化的身體感。這種跟身體不可思議的關係是中和性格不可或缺的特色，而喜歡自己的身體又加以美化和神聖化則是自體形構（self-formation）最原始的階段」。換句話說，中和性格是自體形構（心靈與性格的自我發展）的基本動力，可視為促成個體所從屬的任何社會系統穩定化的傾向，確保現存的秩序免於內傾性格（introversion，以主觀的精神內容為生活方向）與外傾性格（extraversion，把注意力集中於外在事物）的威脅。

感。這個階段，在陽性發展的過程中會被另一個類聚體給喧賓奪主，在女人卻有生之年常保不墜；女人與自體的原初關係始終維持比較強勁的動力。

　　賽姬在這個節骨眼採取如此矛盾的決定，更新她跟她的陰性中心——即她的自體——的聯結。她公然表白心中所愛，並且牢牢抓緊她跟愛樂的個體接觸，卻也同時違背所有的——陽性——理智，這透露她的元始陰性特質。她完成苦役所獲得的陽性特質被陰性特質給取代了，在我們看來似乎就是這一點為她博得阿芙羅狄特－珮塞佛妮的原諒，雖然她自己並沒有認識到這一點，而且並不是有這樣的主觀意願。我們相信這一點是最根本的理由，使得阿芙羅狄特突然放棄對立，轉而接受宙斯封賽姬為神，因為我們都知道阿芙羅狄特違抗宙斯的意志是司空見慣。一個失敗的賽姬，為了愛而棄絕所有的原則，把所有的警告丟到九霄雲外，並且放棄所有的理智，這樣的一個賽姬到頭來一定會得到阿芙羅狄特的歡心，後者肯定在這個新阿芙羅狄特身上認出不少自己的特性。

　　賽姬這一番出人意表的陰性失敗也促成愛樂親自干預，使男孩變成男人，使被燙傷的逃亡者蛻變成為救星。由於她的失敗——這是我們的神話故事難以言詮的對稱美——賽姬得以修補當初逼走愛樂的那個動作所造成的嫌隙。當時，在她看來是為怨恨所逼，不惜冒著失去愛樂的危險，她「營造光明」；如今，在她看來是為愛情動機所逼，她準備「營造黑暗」以便贏得愛樂。就是在這樣的情況，賽姬這個新蔻蕊－珮塞佛妮又一次在玻璃棺入睡，使愛樂有機會在新領域又跟她進行接觸，身分是救星英雄。陽剛面誠然有其必要，卻導致分離，賽

姬如今在這方面做了犧牲，前景廣開一境，由於她束手待斃亟需救援，她解救了被囚禁的愛樂。

毫無疑問，賽姬明白打開盒子會惹禍上身。可是這裡又一次，這一次是在比較高級的領域，她遂行死亡婚姻，對象是愛樂。她為他而死，她已有心理準備要為他犧牲她自己以及她得手的一切，因為——這是目前討論的情況最意深旨遠的矛盾——隨著盒子一打開，她就在死亡中美賽天仙。在死亡婚姻中與男性結合而死亡的少女所擁有的自然純真美與完美，如今變成為愛樂而死並且心甘情願為他徹底自我犧牲的一個賽姬所擁有的知性、心靈－精神之美。

隨之而來的是天界原則經歷前所未有的變局。透過賽姬的犧牲和死亡，愛樂這天界情侶脫胎換骨，從受傷的男孩變成男人，而且是救星，因為他在賽姬身上發現天界與下界之間只存在於世間人類中間地帶的一樣東西：經由愛帶來重生的陰性奧秘。沒有哪個女神能夠讓愛樂經驗進而領悟他透過人間賽姬所體會到的奇蹟，即有意識的愛情現象，比死亡更堅強，受到美容聖品的福祐，樂意受死，樂意接受死亡新郎為心上人。

現在我們也有立場了解宙斯和愛樂之間的同盟，其結果乃是賽姬被接引進入天界。至高無上的陽性權威對人間女性低頭，後者憑其愛情優勢而取得與天神平起平坐的地位。

因此，賽姬的失敗不是退化、被動的沉淪，而是她非比尋常的積極作為，一反常態轉為奉獻的化解矛盾之舉。經由她完美的陰性特質與愛，她喚起愛樂完美的男人特性。她出於愛而放棄自己，在不知不覺中經由愛而獲得救贖。

　　賽姬因愛樂而得救，完成四件苦役，也因此經歷四元素完成啟蒙之旅。不過，深具特色的是，賽姬不只是必須「經歷」四元素，像伊希絲秘儀中接受啟蒙的男性；她還必須藉自己的行動與苦難使四元素成為自己所擁有，將之吸收為她的本性的助力：螞蟻屬土，蘆葦屬水，宙斯的鵰屬氣，最後則是帶來救贖的愛樂所稟具的火性、天界的形象。

　　還有使得賽姬的失敗真相大白並且因而彰顯這整個神話故事多麼意深旨遠的一個重點。又一次我們只有讚嘆的份：這一則神話雖然詩情畫意的幻想四處蔓生，慧眼不難明察它的內在結構。

　　說來不意外，賽姬失敗的場景，她掀啟無一不引人聯想潘朵拉厄運禮盒[143]的那個美容盒的地點，應該在塵世。只有在成功地從珮塞佛妮的國度回來之後，賽姬才毅然決然打開盒子，可是這時候她已經踏上她自己的塵世、人間的土地，位於阿芙羅狄特的天界和珮賽佛妮的下界兩者的中途。

　　下界是珮塞佛妮的勢力範圍，假如她在那個領域打開盒子，必定惹出無可彌補的災殃。可是如今她已經從下界回到「眾星合奏的仙樂」，既然寶物已被帶離下界，局面大為改觀。賽姬已經把她得之於珮塞佛妮的東西據為己有，東西合法歸她所有。她沒有把自己得到的東西拱手讓給阿芙羅狄特，而是佔有己有；她這個人間賽姬，就像是陰性的盜火英雄普羅米修斯，把珮塞佛妮的寶物據為己有。她以人類一個體的身分，取得「理當」屬於原型——亦即屬於女神——的東

---

[143] 帶來厄運的潘朵拉禮盒，拙作《情慾幽林》有故事原典中譯。

西，就這樣完成英雄事蹟，而英雄總是把原本由無意識的猛龍保衛並擁有的寶物併入自己的人格。但是，如果把賽姬的偉業詮釋為陰性啟蒙的過程，不免有這樣的疑問：如何理解阿芙羅狄特的角色？

〔摯愛調和陰陽而為神〕

我們的故事裡頭的阿芙羅狄特並不是古典希臘的大女神。她有超過也有不及之處。說超過，因為在她背後我們認出帶有古風的恐怖母神氣勢堂皇的妖魔形象；說不及，因為她展現的人格特質使我們想起人間眾多恐怖的母親一手塑造的家庭生活遠超過使人想起神界的現實。

我們知道大母神可以現身為陰性自體的形相[144]。接下來我們一定追問，阿芙羅狄特在我們的故事中扮演那個自體的角色到什麼程度？或者說，在什麼樣的程度上，那個自體為了自己的目的利用大母神的原型[145]？

在陽性英雄的生命——這個主題我們在別的地方分析過了[146]——我們看到自體與父母原型的關係處於類似的情境。英雄經常受阻於負面的父母原型，後者常人格化而變成惡父神或惡母神，但是也常以神界迫害者的原型形態現身。這樣的類聚體最知名的例子，就如同我們說過的，是希拉和海克力斯之間的關係。可是猶如希拉驅策這位英雄

---

[144] 〔英譯注〕參見諾伊曼《大母神》頁336。

[145] 〔原注〕我們在黛美特和寇蕊的神話也見到同樣的問題：蓋婭（Gaea）毫無疑問首肯寇蕊被綁架，因此蓋婭和黛美特之間的對立不言自明。〔中譯注〕「蓋婭」是土地的神格化。

[146] 〔原注〕見諾伊曼《意識的起源與歷史》頁131以下。

充分發揮他的英雄情操，阿芙羅狄特也是逼迫賽姬身體力行。從這個觀點來看，「惡劣的、迫害的」原型轉變為推動發展因此促進個體化的原型。因此，對賽姬而言，不只是有一個負面的阿芙羅狄特－珮塞佛妮統一體，還另有雖然仍無以名之卻更為優勢的一個大女神統一體負責引導索菲雅－自體，它的一個形相就表現為阿芙羅狄特即恐怖母神，她不斷「驅遣她上路」[147]。

　　說到這裡，原型陰性的陽性與陰性觀點之間的對比豁然開朗，那是屬於阿普列烏斯這部書的心靈背景的一個對比。阿芙羅狄特－佛圖娜是那個時期的「天命」[148]；她是「厄運」兼恐怖母神，與伊希絲

---

[147] 善母神與惡母神是大母神分身之一的二面形相。善母神指銜尾環蛇階段（即個體意識發展過程中對應於創世神話的階段）大母神為善的一面，體現化育眾生的萬物之母。「接下來，」引諾伊曼《意識的起源與歷史》頁15，「當她跟發育之初的自我不再有關係，而與因累積世間經驗而成熟的成年人格有關係，此時她以兩種形相復出：一個是索菲雅（Sophia，希臘文「智慧」），即『慈祥』母神，不然就是憑其富足源源不絕供應生產，即『眾生之母』。」稍後，諾伊曼在頁39接著說：「無意識的自然生命，那也是銜尾環蛇的生命，把最沒有意義的毀滅和意義最深遠的本能創造結合起來……。人性甦醒的自我所經驗的世界就是巴霍芬所稱有其母性女神與定命女神的母系社會。邪惡、狼吞虎嚥的母親和統轄這個心靈階段而愛心無限的好母親是銜尾環蛇般大母神的兩面。」名為惡母神的這另外一面的形相叫「蛇母」（Mother as Snake）。蛇母也具現為饑餓大地，對自己的孩子照樣狼吞虎嚥，此一形相的神格化即「恐怖母神」。

[148] 佛圖娜：「運氣女神」，拉丁原文Fortuna字義為「運氣，福氣，命運」，諾伊曼《大母神》頁273說是大母神的分身「萬獸娘娘」（Lady of the Beasts）的一個形相，其視覺造形為「端坐在獅車之上」。阿芙羅狄特與佛圖娜二合一的神相不難從〈愛神讚美詩〉70-4看出端倪（《情慾幽林》有中譯）。天命：heimarmene，古希臘神秘主義用以稱呼定命或命運，源自希臘文meiromai，「接受分到的額度」，這配額不是某個神配給的，而是來自受星辰運轉所驅動，因此不具人格又無從反悔的宇宙結構。上古天文學所了解的的七大行星即是定命的動因，通常帶有敵意，因此後世以heimarmene指稱人生最終的裁決者（見Shapero, "Ancient Greek Mysticism"）。前述的背景有助於我們了解西洋傳統煉金術對heimarmene所下的定義：星相顯現的強制力。引Hans Günther在《印歐民族的宗教態度》第三章的說法，「命運」在印歐民族的宗教思想中超乎眾神，希臘人與羅馬人的稱呼有下列的對應關係：

希臘文	拉丁文	英文	中譯
Moira	fatum	fate	定數／天意／命運
Ananke	necessitas	necessity	必然

相對立，後者以善母神兼索菲雅的形相現身就是因神秘而蛻變的「福氣」女神。就是從這樣的對立觀點，陰性出現在陽性心理，也出現在阿普列烏斯面前，在他的書最後一章述及伊希絲的啟蒙儀式的地方。可是對於賽姬本人這個陰性及其心理的「化身」來說，卻不是那麼一回事。

原型陰性為一個統一體的概念是女人的根本經驗之一。兩極對反的女神充斥其間的古代萬神殿仍然呈現那個概念，可是那個概念在父系的世界解體了。在父系社會，善母神與惡母神的分裂促使陰性負的一面大量被排擠到無意識。尤有進者，正是由於從「善」陰性原型分離出「惡」並沒有完全成功，女神幾乎全面被逐出天界，正如在父系一神教所見到的情形。生而為人的賽姬在我們的神話故事受封為神，這代表對於前述女神遭受貶謫的一種反動[149]。

可是賽姬所經驗的原型陰性統一體並不是對立事物仍然結合在靈氣充沛[150]的銜尾環蛇統一體（uroboric unity）那樣的原始經驗，而是總合體（totality）的經驗，此一總合體乃是女人在其個體化而成為整體（whole）的過程中引發出來的。

這裡應該強調賽姬的神話是原型，而且在這方面具有歷史性的典範意義；它宣告不曾發生在上古時代個體人（the individual man）

| Heimarmene | fatalitas | destiny | 天命／命運／定命 |

以上表列所透露剪不斷理還亂的關係，正是莎士比亞在《馬克白》劇中賦予司命三姊妹（three Weird Sisters）的形象。

[149] 這一場反動的歷史背景是伊希絲信仰在羅馬大行其道，與之輝映的是希臘埃萊夫西斯密教的母女神信仰和歐美的女神信仰復興，見拙作《陰性追尋》頁187-93和24-33。

[150] 諾伊曼《大母神》頁5說「靈氣充沛（numinously）一詞適用於生命與感應的作用，原始人的意識因之體會到著迷、恐怖、不可抗拒，因此將之歸因於無以名之的超個人而且神聖的來源」。參見注174。

身上的一種發展。賽姬並沒有意識到她自己的原型陰性經驗是個統一體，然而這個經驗是她的發展背後引人注目的真相。

　　我們已經看到，惡母神的形相和現身為索菲雅的陰性自體的形相在阿芙羅狄特身上合而為一，朝個體化推進。可是，大母神、母系心理、兩個姊姊的角色、陰性自體之間的關連必定要進一步澄清並加以詮釋，雖然我們不可能全面探討元始陰性關係——即母女關係——的難題[151]。

　　陰性人格在其發展過程必定經歷幾個階段，各以明確的原型現象為特徵。發展始於最初的情況，母－女－自體－自我的同一性無所不在，歷經母系制度，此時雖然自我已獲得較大的自由和獨立，大母神的原型仍然佔據主宰的地位，然後進入父系制度，大母神原型的主宰地位讓位給大父神。父系社會的情況——在西方的發展特別為我們所知——係以女性心理及其支配力的消退為特徵；如今陰性存在幾乎完全取決於陽性的意識世界及其價值觀。

　　父系社會的集體階段連同其對於陰性的打壓讓位給「接觸」的階段，此時陽性與陰性彼此以個體的身分面對面打交道。接著，在個體化的階段，女人把自己從與陽性接觸的決定性影響釋放出來，並且接受她身為陰性自體的自體經驗的引導[152]。

　　自體代表整體。自體不只是在中和性格[153]表現出形成自我與意識

---

[151]〔英譯注〕諾伊曼《大母神》頁305以下。
[152]〔原注〕此處概略呈現的發展過程當然無法與實際的情況相提並論——實際的發展絕非直線進行。尤有進者，一個新的階段並非僅僅是取代先行的階段，而是在仍由別的階段及其律則主控的心靈結構形成一個新的層面。
[153]〔原注〕諾伊曼《意識的起源與歷史》頁261以下。〔中譯注〕見注142釋義。

的傾向，而且還進一步往個體化發展，進一步經驗到自體即整體的中
心。每逢有正在被超越的階段的無意識動力起而抗拒自我以及個體化
的發展，我們就見識到以大母神現身的無意識和傾向於整體發展的自
我兩者之間的衝突——大母神緊抓不放從她而生的一切。

　　陽性代表壓制無意識的意識，陰性必須朝陽性發展進而超越陽
性，這是女性心理現在面臨的根本難關。女性心理跟大母神——即無
意識的陰性原型——以及黛美特和蔻蕊的神話故事所例示的元始陰性
關係發生衝突就是從這裡開始的。可是跟大母神發生衝突的這個發展
絕對不能導致陽性及其特有的心理破壞陰性的本性，也絕對不能造成
女人斷絕其與無意識和陰性自體的接觸。區分自體發展的特徵和大母
神退化的特徵有其窒礙難行之處，此一困難並非女性心理所獨有[154]。

　　在賽姬的發展過程中，母系的心理是由兩個姊姊代表，她們同時
象徵陰性團體的姊妹聯結及其對於個別男人的敵意。母系團體對於跟
男人接觸——也就是對於愛情——所懷的敵意的確非克服不可，而父
系制即使對陰性發展而言也是代表必要的過渡階段，可是「囚禁[155]於
父系社會」，即「後宮心理」（"harem psychology"），是壓制母系
社會女性獨立的一種退化。因其如此，母系勢力反對父系社會的陰性
囚禁以及陰性在現身為愛樂－猛龍的父系銜尾環蛇面前卑躬屈膝的態
度就包含了不可或缺而且有積極作用的一個要素。

---

[154] 〔原注〕諾伊曼 "Die mysthische Welt und der Einzelne."
[155] 童話（如注64提到的薑餅屋）與神話故事（如丘比德與賽姬）常見囚禁母題，諾伊曼《大母
神》頁65說那是象徵大母神的負面性格表現為「拒絕釋放渴望獨立與自由的生命」，「囚禁
一詞表明不再處於初始且自然的童稚包容狀況的個體經驗到陰性勢力施加限制並懷有敵意的
態度」。

　　就這一層意義來說，「退化」回到母系勢力通常具有發展的意義，這可以在現代女人的心理得到確認。即使這些勢力代表陰性陰影的一部分，它們的同化，就像賽姬的舉動這個情況，也可能導致新的整合與人格的擴大。

　　然而，這只發生在接受這些勢力有利於一個仍然未知而且已擴大了的人格，也就是發生在朝心靈整體移動的過程，而不是發生在如賽姬的故事中兩個姊姊所代表的心靈屈服於毀滅性的、個人退化的陰影面。這兩個姊姊的負面性質已經顯現在她們的意識對於賽姬所採取的詭計；當我們考慮到她們後續的發展，實情就一清二楚了——如果她們的厄運可以稱作發展的話。意義重大的心理與神話要素隱藏在這一段插曲，以愛樂和賽姬對這兩個姊姊的復仇呈現出來。不惜冒著過度詮釋的嫌疑，我們將指出這些關連，雖然只有全面闡明女性心理在各個階段的發展才有可能揭露其完整的意義。

　　兩個姊姊因愛樂而死，這是女性因父系環狀蛇而毀滅的典型事例。她們兩人不知不覺被賽姬的情人「附身」，就算沒有比她本人嚴重也差不多。她們毫不猶豫當他是神，並且分毫不爽把他聯想到賽姬確實跟愛樂共同經驗的感官樂園。這一個神界情人在故事中高度「人格化」，因為裡頭出現宮殿、黃金、珠寶之類的東西無不「世俗」得夠吸引人，可是在這些俗物的背後，愛樂一手促成的超個人魅力的勢力仍然清晰可辨。我們不該忘記這兩個姊姊的處境，簡直就是父系社會的婚姻囚徒，像女兒或像母親般擔任病患看護的角色而日益憔悴。她們雖然有喜感的一面，她們對賽姬心懷羨慕又不懷好意那種怨恨與嫉妒交加的心情，以及她們冒冒失失隨時準備放棄既有的一切以便投

入愛樂的懷抱，不無難以察覺的悲劇性質。她們的下場是道地的神話風格。幻象叢生迷心竅，她們從峭壁往下跳，就在那個死亡新娘的經典峭壁，賽姬曾經佇立之處，她們摔了個粉身碎骨。在這詭異的神話正義，盲目的姊姊及其瘋狂見證了她們當初對賽姬提到她那隱形情人所說那一切負面說詞的真相，並且以陰鬱的悲劇方式取代賽姬應驗她的死亡。對她們來說，愛樂的確是狼吞虎嚥的陽性妖怪，是皮緹雅神諭[156]所說猙獰的妖怪。她們蓄意害人性命，萬萬想不到自己被愛樂附身，情形無異於酒神狄奧尼索斯的女信徒；她們是在為愛發狂的情況下縱身跳下峭壁。她們跟試圖抗拒酒神卻不知不覺反遭酒神附身而發狂致死的那些女人[157]一模一樣。

可是賽姬在發展的過程中已經把自己從兩種勢力釋放出來：一個是賦給她革命衝勁的父系力量，另一個是現身為愛樂的父系銜尾環蛇提供給她的感官樂園中的囚禁狀態。賽姬求助於黛美特－希拉所具現的陰性勢力而不可得，被迫踏上陽性的道路朝苦樂參半的目標前進，她的這一趟旅程以匕首和燈火揭開序幕。由於潘恩暗中伸出援手，她得以完成阿芙羅狄特指定的工作；這意味著她接觸愛樂，她就已經朝她那由陽性勢力與角色佔主導地位的無意識層挺進。

女性無意識中的陽性力量遠超乎所謂的「阿尼姆斯」形象[158]。那

---

[156] 皮緹雅是德爾菲神殿阿波羅女祭司的頭銜。德爾菲位於希臘中部，該神殿是上古世界地中海地區最知名的發諭所。

[157] 女信徒被酒神附身，最知名的文學典故出自尤瑞匹底斯的悲劇《酒神女信徒》（中譯見拙譯《尤瑞匹底斯全集一》）；至於抗拒酒神反被附身而發狂致死，見奧維德《變形記》4.389-415。

[158] 〔原注〕Jung, "The Relations between the Ego and the Unconscious," pp. 186 ff. 〔中譯注〕阿尼姆斯（animus）：與「阿尼瑪」（見注71）相對，指一個女人的無意識朝男性特質人格化的過程，即每一個女人心靈中的男性要素，她在現實經驗中視為白馬王子的永恆形象。

些勢力包括超越「純陽」的銜尾環蛇形態[159]以及超人類的完形。在陰性潛意識，動物如蛇，但也包括公牛、公羊、馬等，象徵陽性精神仍然原始但結果可期的勢力，而鳥類，從帶來善果的精神－鴿到宙斯的鵰，都同樣是這一類精神力量的象徵，這可以在各民族的儀式和神話故事明白看出來。在植物世界帶來善果的陽剛，譬如食用果子，在原型意義上效果一如石頭或風的無機力量，此一力量就像每一種帶來善果的原則，總是在自己內部產生一個精神要素。此一無以名之的陽性精神原則，連同其既帶來生產也帶來毀滅的一面，也就是我們稱之為父系銜尾環蛇的原則，代表在女性的阿尼姆斯世界的邊緣及其外圍發揮作用的一股心靈力量。

　　藉前三項作為，賽姬啟動她的本性中帶來知識的陽性正面動力。此外，她又把幫助過她的無意識動力轉化成意識的活動，因此解放了她自己的陽性面。她採取的途徑，即自我有意識地與大母神背道而馳，是陽性英雄典型的經歷，賽姬在那一段經歷的尾聲將蛻變成一位妮凱[160]，即勝利女神。陰性往這個方向的發展充分顯示這是大可質疑的一場勝利。她為了獲致這樣一場勝券在握的陽性發展，不惜以情慾吸引力——她要吸引愛樂——為代價，這對陰性的賽姬來說是一大災殃，因為她所作所為是為了愛，也就是屈從於愛樂的影響力。此一結局由於我們所詮釋的「賽姬的失敗」而得以預防。

　　意識進而了解到自己的陽性成分，並且經由自己的陽性面的發展而成為整體之後，賽姬所處的立場是當面對抗大母神體現阿芙羅狄

---

[159]〔原注〕諾伊曼"Über den mond."
[160] 妮凱：希臘文nike（勝利）的擬人格。

特－珮塞佛妮雙重神相的總合體。這一番面對面的戰局是賽姬的失敗
這個勝敗相倚伏的矛盾局面，她不只是重獲蛻變成為男人的愛樂，而
且還重新接觸自己的中心陰性自體。

　　就在這個節骨眼，賽姬由赫梅斯引領登上奧林帕斯山，受封為
神，永遠與愛樂團圓。赫梅斯又一次履行他的確身為「靈魂嚮導」的
本分[161]。他在故事的開頭為阿芙羅狄特服務時，他不折不扣是「天神
的使者」，在羅馬的萬神殿居於易受醜化排行榜的第二名。可是既然
賽姬終於獲得永生，赫梅斯也沾光得救，重拾他主要的神話形態；由
此可以察覺他身為陰性靈魂之嚮導的真正功效。

　　賽姬被迎入奧林帕斯成為愛樂的妻子，此一陰性與全體人類劃時
代的發展在故事中顯而易見。從陰性的立足點來看，其要義在於，就
愛而論，靈魂的個別能力具有神性，隨愛而生的蛻變則是具有神化作
用的一大奧秘。在上古父系世界及其集體的、從屬於生育原則之規範
的陰性存在這個背景襯托之下，陰性心靈的這個經驗意義重大。

　　人類在奧林帕斯已佔有一席之地，這可不是陽性神化英雄的作
為，而是要歸功於付出愛心的靈魂。人間女性以個體的身分攀登奧林
帕斯，在這裡，在愛情的神秘力量所獲致的完美，女人站在人類諸原
型的行列中，與眾神並列。說來夠矛盾，她得到這個神位正是由於她
肉身凡胎。就是這肉身凡胎的經驗，從死亡經重生過渡到在愛樂面前
復活，就是這樣的經驗使得賽姬在產生蛻變的神秘事件中獲得神性，
那一番蛻變把她帶到超越古人所設想「唯有神」的非人性領域。

---

[161] 靈魂嚮導（psychopompos）：神使赫梅斯的職責之一是引導靈魂從死者的身體前往冥河，將
　　之移交渡夫卡戎。

〔愛情之道在於體現嶄新的生命情態〕

　　這一層關連使我們能夠了解最後的一道難題，即賽姬與愛樂的結晶所涉及的問題。這孩子全程陪伴賽姬的發展與受難而成長，第一次提到他就是在賽姬透露她的獨立心蠢蠢欲動之初。兩個姊姊第一次探望賽姬之後，愛樂告訴她懷孕之事，還說出這樣語帶玄機的話：「妳的子宮，現在還是小孩子的，已經懷了像妳一樣的孩子。如果妳守得住我們的秘密，他將會是個神；如果妳吐露口風，那就只是肉身凡胎。」

　　這話會是什麼意思？我們假定這句話必須加以詮釋，是不是小題大作？賽姬畢竟是**真的**生下神子，而且乍看之下她並沒有守住「秘密」──如果指的是愛樂隱形之事，那更是錯不了。既然那樣的說法不通，問題來了：賽姬褻瀆不得的秘密到底是什麼？

　　真正而且不可名狀的神秘，絕對不能「吐露」與褻瀆的「秘密」，在於賽姬內心對於愛樂的忠誠，也就是生而為人的賽姬忠於她那神秘又「不可理喻」的愛情，以及她透過她和神界伴侶的關係所經歷本質上的蛻變。從褻瀆的觀點來看，正如阿芙羅狄特和其餘每一個人所見到的，這一場愛情根本是集荒謬與矛盾之大成，不只是受到禁止，而且是不可理喻。真正的秘密，賽姬即使在跟愛樂本身唱反調以及接著佔上風，都是信守如初，因為她的愛情秘密不可名狀，只有透過賽姬的生命，透過她的行動和蛻變，才可能表達出來。雖然有可能說溜嘴的事，賽姬統統說溜了嘴，這個她的愛情最內在的核心仍然是

她珍藏在心坎裡只可體會而無以言傳的秘密。即使愛樂本身也只有透過賽姬的自我犧牲才察覺得出來，因為只有透過賽姬的愛，愛的本質及其真正的秘密才有可能為他所了解，他才有可能親身體會。到目前為止，愛樂一直是在黑暗中「體驗」愛情，宛如一場放蕩的遊戲，宛如在心甘情願參加阿芙羅狄特祭典的場合進行一場情色大進擊；可是透過賽姬的行動，他體會到愛情有如人格分娩在即產生陣痛，經歷苦難導致蛻變而獲得啟迪。

　　死亡婚姻，無意識樂園裡面的存在，奮戰猛龍，完成苦役的豪情壯舉，下界之旅以及取得寶物，無異於第二次死亡的失敗（這在神話通常以囚禁的形態呈現[162]），救贖，聖婚，復活，重生成為女神，以及孩子的出生──這一切並不是互不相干的原型母題；它們代表整體的原型正典，這一套正典不只是重複出現在神話故事和童話故事，也發生在秘儀，而且業已揭露它在宗教體系中基本結構的無數變體，如諾斯替教[163]即是一例。此一神秘大業不是只表現在行動上；其意義通常在於知識的增長，即「真智」的增長。可是在這裡（一如在埃萊夫西斯秘儀），它具有特別不一樣的形態。其為一神秘並不屬於真智，

---

[162] 〔原注〕諾伊曼《意識的起源與歷史》頁319。

[163] 諾斯替教（Gnoticism）：融合多種信仰，兼具神學與哲學義理的宗教，主要盛行於二世紀，迫使早期基督教會為了抗衡而彙編成正典《聖經》，提出教義神學並且建立主教制。有別於正統基督教強調信心，諾斯替教注重「真智」（或音譯作「諾斯」），視其為靈魂獲得解脫的根源。但是，諾斯替教各派的倫理主張莫衷一是，從強迫男女雜交到極端禁慾不一而足。按「真智」（gnosis）即「神傳知識」（希臘文gnostikos即是「屬於知識」），是秘傳的有關神的知識，以直接的體驗與領悟取代信仰和經文；只就其介於宗教信仰與神秘哲學之間的認識論而言，主張教外別傳、不立文字、直指本心的禪宗庶幾近之（參見注164）。根據諾斯替教的二元哲學，人唯有透過諾斯才能擺脫物質（惡）與精神（善）的衝突而獲得徹悟與救贖。

也就是不屬於「理體」，而是屬於愛樂[164]。因此，生下來的孩子是個女孩，和愛樂所期望的相反[165]。

賽姬對愛樂付出愛，這使得她跟阿芙羅狄特或其他任何一位女神有所不同；她展現全新的生命情態。賽姬在情場上的勝利及其榮登奧林帕斯神榜是深刻影響西方人達二千年的大事。到現在足足有兩個千禧年，愛的神秘現象盤踞心靈的發展與文化、藝術和宗教的中心。中古時代修道女的神秘主義[166]、遊吟詩人的宮廷愛情[167]、但丁對於貝雅翠采的愛[168]，浮士德的「永恆陰性」[169]——凡此種種無不是反映此一

---

[164] 理體：logos（也常見音譯為「邏各斯」，基督教觀點可譯作「原道」），希臘原文本義「話語，字，理智」，希臘哲學與神學用於指稱蘊藏於宇宙之中、支配宇宙並且使宇宙具有形式和意義的絕對的神聖之理，其於宇宙演化過程的作用可類比於人的思維能力——英文logic（邏輯）的字源正是logos。《新約・約翰福音》開宗明義說「太初有道」，接著說耶穌基督是「道成肉身」，經文的「道」即是「理體」。至於愛樂，他原本是希臘神話的元始尊神，是希臘宇宙論從單性生殖演變為兩性生殖的關鍵角色，雖然在上古希臘父系社會明顯可見這位愛神逐漸退化的軌跡，遭受變性之後又先後淪為具備女性美體卻配戴男性武器的青年、性愛美神阿芙羅狄特的兒子、維納斯的淘氣兒子；參見拙譯《情慾幽林》引論〈森森密林探幽微〉。

[165] 〔原注〕Weinreich, "Das Märchen von Amor und Psyche," 錄於Friedländer, *Darstellungen aus der Sittengeschichte Roms.* 見本書〈故事〉頁54。

[166] 神秘主義是為了防止人神進一步的疏離而以與神融為一體為目標的修行，可以與宗教有關，但不必然如此。只就一事而論，禪宗主張生活即是禪，這反映許多神秘主義者共同的信念，認為生活本身就是聖事，不涉理路也不落言筌。重感情的神秘主義者往往傾向於以愛和虔敬為內容的神修。在十二世紀的歐洲，愛的議題蔚成社會思維的主流，教會積極提倡聖愛與婚姻之愛，此一理念卻面臨世俗文學描寫性愛與情愛的威脅。在這樣的文化風潮中，女性的自由意志只見於出家或出嫁的取捨，新確立的教階制度卻一舉排除女性，於是早期的修女院盛況不復可見，女性以神秘主義為靈修因而大行其道。

[167] 遊吟詩人：troubadours，字義為「發明新詩的詩人」，指十一世紀晚期至十三世紀活躍於法國南方、西班牙及義大利北方的抒情詩人，他們在宮廷貴婦周圍創造一種前所未見的溫文爾雅的氣氛，視其為最高的文學成就，此即宮廷愛情（courtly love）。宮廷愛情指貴婦人與其情夫之間酷似封建社會君臣之義的愛情關係，其基本模式為騎士迷戀已婚貴婦，卻不越雷池（詳見拙作《情慾花園》引論相關部分）。

[168] 但丁在《新生》描述貝雅翠采如何使他獲得新生命：「不論她出現在何時何地，我無不衷心盼望見到她奇蹟式的問候，當下頓覺世間沒有敵人，慈愛盈滿我心，我忘記所有傷害過我的人。那時候，不論什麼人問我什麼問題，我的答覆只有一個字：神情謙卑口出『愛』」（XLII）。在貝雅翠采引導下，但丁在《神曲・天堂篇》結尾見識到「大愛運轉日月星辰」的宇宙勝景。

[169] 歌德在《浮士德》第二部的結尾歌詠道：「永恆陰性，引人超升」。引文「永恆陰性」

心靈在男男女女永不止息、神秘似的發展。愛情帶來善果，也帶來惡果，可是不論如何它一向是西方世界心靈與精神生活不可或缺的酵素以迄於今。

　　賽姬對她的神界情人付出的這份愛是愛情神秘主義的中心母題，不隨時代而變，而賽姬的失敗、她最後放棄自我以及適時以救星姿態親近她的愛樂則吻合最高境界不落言筌的超脫[170]，即靈魂出竅而渾然「入神」的境界。

　　因其如此，所以說「用凡人的語言」，賽姬的孩子「叫做歡樂」。可是用天界的語言——受封為神的賽姬在天界所生的是「天」子——這孩子是不落言筌的快活，即兆民異口同聲所稱最高境界不落言筌的結晶。「誠然快活，卻超越感官的樂趣[171]」。

　　「神子的誕生」及其要義可以從神話看出來，但是從我們已經得知的個體化過程可以看得更全面[172]。對女人來說，神界兒子的誕生表示她的阿尼姆斯－精神面獲得更新與受封為神，神界女兒的誕生卻代表更重要的過程，與女人的自體和整體息息相關。

　　這一則神話故事最深刻的洞識之一是以名為歡樂－快活－極樂的女兒收煞。最後這一個句子述及這女兒的誕生超越現實的經驗，甚至超越神話故事本身，這意味著內在的陰性經驗有個角落，雖然再三顯

（Ewig-Weiblichen），歌德視其為愛的救贖力量，在世間以完美的形態表現為女人，是促使男人奮發向上的動力。此一概念在《浮士德》具現為三個形象：葛蕾琴象徵個人犧牲之愛，海倫象徵人類對於知識與文化的愛好，聖母瑪利亞象徵對全人類的悲憫。「永恆的陰性」使奮鬥不懈的男人得到救贖，是一切奮鬥的目標，雖然過程可能迂迴。

[170] 超脫：見注58。
[171] 〔原注〕Tejobindu Upanishad 8 (in Deussen, *Sechzig Upanishad's*, p. 665).
[172] 〔英譯注〕參見榮格的*The Secret of the Golden Flower*、"The Psychology of the Child Archetype"、*Psychology and Alchemy*等著作。

示其為心靈與心靈生活之間具有決定性的邊界經驗，卻是不落言筌也不涉理路。

　　我們一再強調這個故事具體表現為**神話**，也就是「在原型的空間」呈現完整、自足的事件。正因為它是原型事件，它的意義必須著眼於人類集體的觀點，不能只從個人的經驗著手，也就是不能視其為發生在某個特定男人或某個特定女人身上的事，而是具有共相性質的「例證事件」。

　　本書不可能描述「賽姬原型」與男人的阿尼瑪或女人的陰性自體之間的差異，只就舉舉大者示例舉隅就夠了。我們論及「靈魂」並無男人與女人之分[173]，這不是偶然的；分析心理學以意識和無意識的總合體定義「心靈」，這也不是偶然的。不論在男人或是在女人，身為人格之整體的這個心靈必定要賦予陰性，因為它體會到超越心靈之上別有充沛的靈氣[174]，是「外在的」而且「完全不一樣」。因其如此，曼荼羅圖形在男人身上和在女人身上同樣，都是以心靈總合體出現，就其為圓圈或圓球的象徵意義而論是陰性的，不然就是像銜尾環蛇那樣包含對立物。

　　在這心靈經歷體驗的過程中，男人女人都一樣，自我和意識所具備象徵性的陽性結構似乎同時相對化與弱化，終至於心靈生命的陰性性格佔據主導的地位。因此男人的神性並不是隨阿尼瑪的誕生而不可

---

[173]〔原注〕相對於男人和女人各自有其「靈魂意象」。〔中譯注〕靈魂意象：榮格拈出的原型意象之一，指異性的內在原型意象。阿尼瑪就是男人的原型意象，阿尼姆斯則是女人的原型意象。

[174]靈氣：numinosity，跟特定的地點、現象或物象密不可分的精神力量或影響力，洋溢充沛的超自然與神秘氣息，彷彿有天意神威迷漫其間，足使人興起高尚的情懷或美感。榮格用於稱呼帶來意識改變之心理覺醒（psychological awareness）。參見注150。

思議地誕生，亦即不是來自心靈生命的某部分結構，卻是隨這總合體而生，亦即隨心靈而生[175]。

在賽姬神話中，誕生成為女兒的是超越心靈的東西；那是感情的真相，是人的心靈與其神聖的伙伴結合時類聚而成的超心靈（metapsychic）情境。因此，賽姬受封為神的世俗意義從一個新的角度給揭開了。

〔賽姬榮登神榜的心理學意義〕

肉身凡胎的賽姬所處的情境是這樣的：她似乎受制於一個有敵意的世界，在那個世界，原型陰性的種種勢力大行其道；愛樂無法獨立，只是倚附那些勢力，阿芙羅狄特則是那種種勢力的化身；宙斯這個原型父親袖手旁觀，毫無作為。從心理學的觀點，這表示無意識的世界處於非人性、反人性的類聚體狀態，主宰人類的一舉一動，同時也表示人和那個世界——即愛樂——的關係是完全的被動。人的心靈面完全受制於眾神及其興之所至。

可是在神話故事中，賽姬如此積極竟至於所有的行動和蛻變都是由她而起；她執行決定性的動作，愛樂卻躺在他母親的神宮養傷睡覺，直到最後一刻才出面玉成她的苦役；生於陸地的這個女人，成功

---

[175] 〔原注〕此處所述與榮格對阿尼瑪所下的定義不一樣，我想這是榮格本人對於個體化過程的觀察必然導致的結果。〔中譯注〕個體化指一個人變成心理學上所稱『個體』的過程，因「實現自己」而變成一個分離卻不可分割的『整體』——「分離」指不隸屬於別人或團體的獨立性，「不可分割」指人格整合方面的完整性。「個體化並不是讓自己與世界隔絕，而是收集整個世界成為他自己」（Jung 464）。準此，個體化即一個人朝自體轉化的人格整合過程，其實也是「靈修」的終極目標。

整合屬於她本性的世間四元素，因而成功抗拒無意識及其女神的詭計。賽姬因苦難與愛情而獲得如此巨大的內在力量，如此巨大的整合能力，終於能夠抗衡原型的解離力量，進而在平等的立足點上跟那些力量面對面打交道。可是這一切的發生並不是本於普羅米修斯式與天神對立的陽剛原則，而是在愛的驅使下展現情慾的高尚情懷，這表明她紮根深入神界阿芙羅狄特的中心甚至超過我們的理解。

　　原先，正如早年有專論指出[176]，阿芙羅狄特鞭策賽姬，換個說法是大母神的原型宰制賽姬，如今賽姬由於她的愛情能耐已受封為神，並且由赫梅斯接引上天界。她榮登奧林帕斯一事宣告新時代的開始。賽姬成為女神，這意味著人本身具有神性，與天神平等；女神賽姬與男神愛樂永恆的結合意味著人和神的聯結不只是永恆，而且本身就是神聖。

　　經由神界的心靈轉向，眾神朝內航行進入我們所稱的人類心靈，在人類心靈之中如今出現這神聖的原則，此一巨變有個原型的開頭，就在賽姬受封為神。

　　說來夠奇怪，賽姬的故事就這樣呈現在基督教以外的地區象徵心靈的蛻變與神化的一個發展過程，沒有天啟也沒有教堂，完全屬於異教卻超越異教信仰。還得要另一個一千五百年才可能再度見識人類心靈的神化，意義同樣重大，卻是在前所未見的情況下。在中古時代，片面偏向天界－陽性價值觀的精神世界對心靈生活的陰性－陸地面下達禁令，只有在這禁令開始解除之後，才可能再度發現塵世土性與人

---

[176]　〔原注〕見Reitzenstein, *Das Märchen von Amor and Psyche*.

類靈魂的神聖面[177]。此所以在現代，陰性開始新的發展，正如同由於深層心理學的興起，在西方開始可以察覺得到心靈發展與蛻變的新形態[178]。

這一切發展實現了賽姬的神話故事及其受封為神在原型層面上所展現的意義。因此，描寫愛樂和賽姬的這部作品出現的時機不早不晚，適逢天主教會藉馬利亞肉身升天的教理重複、更新進而確認在異教奧林帕斯山上演出的賽姬其人其事，也許不是沒有意義[179]。

賽姬結合愛樂再加上「快活之子」，這個原型在我們看來簡直就是「融合[180]」的象徵在西方所具現的最高級形態之一。那是濕婆的青春分身跟他的妃子結合的形象[181]。煉金術的陰陽同體是此一形象比較

---

[177] 〔英譯注〕見諾伊曼"Die Bedeutung des Erdarchetyps, für die Neuzeit," *EJ* 1953.

[178] 也所以，尤其是1980年代以後，陰性價值受到前所未有的關注。拙作《陰性價值》首開國內風氣之先，專就神話的追尋母題提出自成一家之言的理論，嘗試以「陰性追尋」的觀念矯正太陽英雄的偏頗，即是受惠於諾伊曼這裡說的發展趨勢。

[179] 〔原注〕呼應基督教三位一體的是宙斯與愛樂的「三位二體」（"trinitarian duality"），其最高神相為兼具聖子與聖靈雙重神格的有翼愛樂；賽姬的形相則類似馬利亞。上古希臘化時期與現代基督教兩種四相神組（tetrads）之間的差異，此處無法詳述。

[180] 融合：*coniunctio*（德文作conjunctio），煉金術用於指稱「對立的結合」，是與生俱來的性愛和生育能力。按Mark Haeffner在《煉金術辭典》的說法，兩個對立的成分結合在一起產生新的物質，物質化為精神，精神則具體化，此一物質與精神的結合是煉金術著述一再出現的主題，其中的二元性即是陽性與陰性的力量，因此又以兩性結合為其象徵。形上詩人鄧恩的情詩〈封聖〉（中譯見拙作《情慾花園》）25-6行所言「一個中性體兩性合宜／我們死又生如一／明白驗證奧秘」即是取典於此。

[181] 印度的宇宙論稱上帝有三相：創造者梵天，維持生命者毘濕奴，毀滅者溼婆。濕婆是印度教所崇拜的主神當中神性最複雜的一位，集種種對立的特性於一身，既是毀滅者，又是起死回生者；既是大苦行者，又是色慾的象徵；既有牧養眾生的慈心，又有復仇的凶念。他和其餘的男天神一樣，自創女神為妻，泛稱Shakti，「能量、活力」之意。因此濕婆以自己的陰性分身為妻，即是濕婆妃，名為帕娃蒂（Parvati）。帕娃蒂雖是分身，卻以實際作為從事創生的工作，濕婆只是旁觀見證而已，由此可以看出父系神話僭取母系神話的遺跡（見拙譯《情慾幽林》引論〈千面女神說從頭〉），也吻合諾伊曼此處引述論證的旨趣。濕婆與其妃子結合的形象乃是藏傳佛教藝術所常見，以俗稱歡喜佛的金剛擁妃像呈現雙運大樂主題的祖型（見《情慾幽林》引論頁14與39）。

晚出卻具體而微的形態，因為恰如榮格指出的，它其實代表怪胎（a
monstrosity），強烈對比愛樂和賽姬這一對神界配偶。

　　從陰性的觀點來看，賽姬永遠結合愛樂乃是陰性自體加上陽性神
性。這裡要強調的是賽姬，她體驗到愛樂即是她自己所稟受有救贖作
用的理體的光明面此一超越的形相，經由此一體驗而獲得啟迪並且
受封為神。用簡化的概念來說，這意味著她經由愛情體驗到愛樂即
真智。

　　從陽性觀點來看，賽姬結合愛樂是心靈即男性人格的總合體（正
如我們從，比方說，曼荼羅原型所了解到的[182]）和自體表現具有超越
意義的陽性－神性特質兩者的再度結合。但是對陽性而言，賽姬的重
要性比不上神界愛樂。在這裡陽性理體面的蛻變導致一個神聖愛情的
原則，此一原則結合心靈而帶來啟迪與神化。或者，用簡化的概念來
說，陽性透過真智體會到愛樂即愛情（Eros as love）。

　　這兩種神聖的形相和神秘的經驗互相糾纏，構成愛樂與賽姬「融
合」的原型。他們的光輪，同時也是他們兩相結合最精純的成果，就
是他們的神子，是天賜福。他們的結晶反映在陸地人間就是歡樂。

　　整體回顧賽姬的發展，可以明白看出——其實只看這一則故事
和作為故事背景的阿普列烏斯的小說兩者之間的關連就已經夠明白了
——這神話故事呈現一椿神秘的事件。這神秘的事件真相為何？它在
阿普列烏斯的《金驢記》佔有怎樣的地位？

　　《金驢記》以第一人稱敘述者魯基烏斯・阿普列烏斯接受伊希

---

[182] 榮格在《個人的夢象徵和煉金術的關係》有專章討論曼荼羅的象徵意義（Jung 1971:359-448），
　　參見注112。

絲的啟蒙儀式收煞。我們從這個結尾獲知[183]伊希絲秘儀的要素。儀式包括自願受死以及接著因慈恩而得到救贖，也就是啟程前往珮塞佛妮的領域然後再回來。重心在於上界與下界神祇的異象和祭禮；意義尤其重大的是，儀式以起程前往幽冥世界揭開序幕，途中經歷四元素。（基於目前的考量，下面的討論將略過不表最後一個階段，即因赫遼斯而蛻變的階段。）

跟賽姬神話的對應關係是太明顯了，我們不得不假定阿普列烏斯完全明白把這故事收入《金驢記》所為何事。接下來的一個問題是：賽姬的故事和小說中描寫的啟蒙儀式關係如何？

說到這裡，我們非得對母系心理與父系心理贅言幾句不可，因為這兩者的衝突使得賽姬的神話故事能為我們所理解。阿普列烏斯使用秘儀專有的術語描寫典禮之壯觀，相對於這一場莊嚴肅穆的啟蒙，這故事簡直是粗鄙無文的穿插，可視為具有民俗風味的序曲。

在《金驢記》小說中，愛樂和賽姬故事是由一個老婦人說給一個女孩子聽。在舉行婚禮當天，這姑娘被一批土匪「從她母親的懷抱」搶走，他們希望待嫁娘的父母付錢贖回肉票。性暴力和死亡婚姻的母題，一如陰性啟蒙，在阿普列烏斯具有特色的遮掩筆法之下，還是可以辨認出來。

老婦人講賽姬的故事給待嫁娘聽是為了安慰她。故事本身是一場啟蒙，經歷苦難以進入陰性發展的定命，因為賽姬如果要跟心上人團圓就一定要經歷不幸和苦難。這個老婦人來自色薩利，那是女巫和黑

---

[183] 〔原注〕Dibelius, "Die Isisweihe bei Apuleius und verwandte Initiations-Riten."

卡悌的原鄉，也就是菲瑞之地[184]，即前希臘時期大母神的大本營。這
個特殊的背景大幅度拓展文義格局，使我們得以一窺處於神話深處的
母系秘儀。

　　第一個看出這些脈絡的人是巴霍芬[185]。誠然，他為了把這故事納
入他構思的體系，不惜武斷曲解文本，誤解之處所在多有。即便如
此，他是第一個認出這故事的趨向及其神秘性格的人。「陰性靈魂起
初唯阿芙羅狄特馬首是瞻，是物質的奴隸，隨時隨地遭受新的而且無
從預期的苦難，最後沉淪於感官的沼澤深淵──可是後來提昇到新的
並且更強勢的存在狀態，生命情態從阿芙羅狄特式轉為賽姬式。較低
的階段具有屬地（tellurian）性格，較高的階段具有屬天（uranian）
性格……。在賽姬的生命情態中，阿芙羅狄特本身進境於太陰階
段[186]，那是女人的物性所能獲致的最高境界。站在她身邊的是以魯努
斯現身的愛樂[187]。」

---

[184] 〔原注〕Philippson, *Thessalische Mythologie.* 〔中譯注〕關於色薩利和菲瑞，見注56。隨後
提到的「前希臘時期」，指印歐人尚未入主希臘以前的母系時代（詳見注219中譯注）。

[185] 巴霍芬是瑞士人類學家、古典學者，率先看出歐洲文化的變遷有過一個母權階段，於1861出
版《母權》（*Das Mutterrecht*），以希臘神話支持自己的理論。按他的理論，歐洲社會起先
處於雜婚階段，以阿芙羅狄特為主信仰；接著進入以地母為主要信仰的母權階段；最後父權
當道，以宙斯為主的父神取代女神的地位（參見拙作《陰性追尋》頁25）。他把上述的社會
發展類比於精神發展的三個階段：地球－物質，陰性－心理，陽性－精神。

[186] 太陰階段：注185所稱巴霍芬理論的第二個階段。太陰：lunar，拉丁文luna即「月亮」。

[187] 〔原注〕Bachofen, *Versuch über die Gräbersymbolik*, p. 46.〔中譯注〕魯努斯：Lunus，陽性
神格的月亮，有別於陰性神格的月亮「魯娜」（Luna）。按這古月亮信仰的通義，月是
陽性的，日則為陰性，因此月神是男神，日神則是女神，其遺跡可見於巴比倫以陽性的辛
（Sin）稱月亮，所有的條頓語文亦然，如德文的*Mond*（月亮）和*Monat*（月份）都是陽性
名詞。英文原本也是如此，是後來受古典影響才改變（Harley 82-7）。因此，月亮具有陰
陽同體的性格。即使在月亮崇拜談不上興盛的埃及，伊希絲仍然代表「魯娜－魯努斯」，是
「天界陰陽體」（the celestial Hermaphrodite）。月亮的這個二元性格對應於榮格的阿尼瑪－
阿尼姆斯，也對應於諾伊曼在本書辨明的賽姬－丘比德（Purucker, "Lunar Gods"）。

他沒看出賽姬與阿芙羅狄特之間的衝突，也沒注意到這一則神話獨樹一幟的陰性特徵，因為這一位母系社會的大發現者與仰慕者仍然被困在柏拉圖、基督教、父權的重重概念中。他所能掌握到的陰性－心靈原則只是從屬於太陽－陽性精神的一個階段。

由於柏拉圖化的詮釋以及對於神話細節的忽視，巴霍芬只能非常概括性地辨識出賽姬故事中靈魂的「淨化」。他把細節說成「傳說母題」（彷彿這跟原型特色毫無關連），結果在含糊其詞的通則中迷失了方向。這樣的詮釋沒能關注到這神話與故事最緊要的部分，亦即陰性心理及其危機、決心，特別是陰性的行動力。

和巴霍芬相反，我們相信在賽姬的故事可以識別出一則陰性的神話。果真如此，那表示我們在這裡有個比埃萊夫西斯秘儀所具現的陰性啟蒙更晚出而且更高級的階段。

就心理學觀點而言，埃萊夫西斯密教和伊希絲密教一樣，是母系密教，本質上不同於陽性－父系密教。陽性的奧秘和自我積極展現英雄情操那樣的抗爭密不可分，乃是建立在「我和父親是一體」這樣的中心見識[188]。可是元始陰性密教卻有不一樣的結構。其內容包括誕生和重生的秘儀，尤其重要的是表現為三種形式：理體這個光明之子的誕生；女兒這個新自體的誕生；死者經歷重生而誕生。不管在什麼地方見到這個基本的陰性象徵，那就是——按心理意義而論——母系密教，無論接受啟蒙的人是男是女。

陽性密教的出發點是精神優先，隨後觀照現象界與物質的事實則

---

[188] 〔原注〕諾伊曼《意識的起源與歷史》頁265以下。

視其為精神所創造，陰性密教的出發點卻是現象——即「物質」——
世界優先，精神是從那個世界「出生[189]」。就這個意義而論，父系密
教是上層而且屬於天上，陰性密教則似乎是下層而且屬於地下；在父
系密教，強調的是肉眼看不到的生殖靈氣（generative numinosity）。
這兩者有互補的作用，唯有合在一起才可能全面揭露奧秘的真相。

　　就心理學觀點而論，一個男人是否接受啟蒙進入母系秘儀，或
一個女人是否接受啟蒙進入父系秘儀，或相反的情形，絕不是無關緊
要。陽性接受啟蒙進入母系秘儀可以有兩個本質截然不同的方式，兩
者都比父子關係的「父系奧秘」更會導致截然不同的心理發展。

　　一個方式是認同生下來的孩子，也就是回歸母親原型的奧秘；第
二個方式是認同陰性，包括陽性的自我放棄。（至於陽性自我放棄的
損失到底是以真正的閹割，以剃髮，以喝下導致性無能的藥物，或是
以陰性扮裝為象徵，在這裡我們不需要費心。）

　　現在回頭來看魯基烏斯和伊希絲秘儀，我們知道他「光輝浴
身」，就是蛻變成太陽－光明－男神，同時也是蛻變成伊希絲之子，
成為何魯斯－歐希瑞斯或哈波科瑞替斯[190]，因大母神的慈恩而出生又
重生。

---

[189] 〔英譯注〕諾伊曼《大母神》頁281以下。〔中譯注〕關於這個句子的意義，參見英譯本的
一段文字：「男性秘儀……大體上是展現在抽象的精神空間，陰性的元始秘儀則更密切關連
貼近日常生活的種種事實」（前階書282）。

[190] 何魯斯：古埃及崇拜的太陽神，形像似隼，以太陽和月亮為雙目。到了公元前二十五世
紀，對歐希瑞斯（見注50）的崇拜遍及埃及，何魯斯成為歐希瑞斯的兒子。哈波科瑞替斯
（Harpocrates）：即埃及的Harpa-khruti，是現身為兒童形相的何魯斯，其神像作手指擱在
嘴巴上，象徵兒童。此神傳入希臘又傳到羅馬，希臘羅馬人不解神像之意，誤稱其為沉默
之神。

　　無論如何，負責引導魯基烏斯接受伊希絲的救贖並且接受啟蒙參加其秘儀的是陰性。魯基烏斯變形[191]成為驢子以及他因之而來的一切苦難是邪惡的命運女神在幕後作怪，現在則是善良的命運女神現形為索菲雅－伊希絲這位眾女神的至尊顯靈附身進而引導他得救[192]。就在這個節骨眼，幾乎是察覺不到的，啟蒙和賽姬的故事有了關連。

　　在故事裡，事件的進行也是取決於陰性伙伴的活動力，這伙伴就是賽姬。愛樂的蛻變，包括愛樂即猛龍、愛樂即妖怪丈夫、愛樂即枕邊人，到最後愛樂即喚醒賽姬進境於前所未見之生命境界的救贖神，這一切階段並非靠愛樂本身的努力達到，而是靠賽姬的行動與苦難。採取行動、受苦受難、執行與完成的人都是她，甚至愛樂顯現其神性，歸根究底也是由於人間賽姬這個陰性面富愛心與見識的活動力所引發的。

　　愛樂的情形一如魯基烏斯，每一個階段的發展都不是始於陽性自我的活動力，而是始於陰性的進取心。在這兩個情況，過程——不論為善或為惡——都是由這個陰性原則擔綱執行，此與陽性自我的抗拒與被動恰恰相反。這些發展跟我們從創造過程與個體化的心理所了解

---

[191] 變形：metamorphosis，形體改變而性質不變，如魯基烏斯的外形從人變成驢子，雖然喪失說話的能力，卻仍保有生而為人的一切本性，包括意識、記憶、智力與情感。奧維德《變形記》所述變形故事也是如此。這個英文字通常被視為transformation（蛻變）的同義字，其實英譯者亦步亦趨追隨諾伊曼的原文作出明確的區隔，以「蛻變」特指「質變」，如下一段「愛樂的蛻變」（Wandlungen des Eros）所用字眼就跟「魯基烏斯變形」（Verwandlung des Lucius）不同。此一區分是筆者翻譯本書的通例。按諾伊曼《大母神》論陰性蛻變性格的四個階段，第二階段包括「植物娘娘」和「野物娘娘」兩種形態，是以大母神的兩個基本神相類別定性，第三個階段稱為「精神蛻變」，不限於外觀變形，更強調的是「把整體人格往超越的意識推進的過程」，是「宗教秘儀、神秘主義以及現代社會個體的發展」旨趣所歸（78）。不過，李以洪譯《大母神》書中，transformation一律作「變形」。

[192] 〔原注〕我們在這裡不可能深入探討《金驢記》是否明白交代阿普列烏斯的啟蒙經驗到底是不是真實〔即第一手〕的經驗；亦即在「每個人」都「總是」在經歷啟蒙的時期，這部小說反映的只是當代的心理特色，或者阿普列烏斯的敘事指出蛻變過程在心理學意義上的真實。

的不謀而合，其中的「心靈的自發性」及其人生指引是決定陽性生命的關鍵因素。在「賽姬引路」而陽性尾隨的這一切過程中[193]，自我放棄引導的角色，而由總合體指引。在證實為以非自我——即自體——為主的心靈發展，我們的創造過程和啟蒙過程是二而一。

　　在賽姬的故事中，陰性個體化的神話導向陰性與神界情侶最後的結合；阿普列烏斯的小說，彷彿要以一個陽性啟蒙補充這個陰性啟蒙，在結尾把魯基烏斯引入伊希絲的奧秘，大母神以索菲雅和永恆陰性的形相對他顯靈。

　　阿普列烏斯向這女神禱告：「大聖至聖，人類永恆的慰藉，您慈恩普照滋養世界，一心繫念所有憂苦患難的人，像母親繫念她的孩子……。天上眾男神仰慕您，地下眾男神尊崇您，您設定天體環繞兩極旋轉，您賜光予太陽，您統御宇宙，您踩踏地獄眾勢力。聽聞您的聖音，眾星運轉，季節更替，土地欣欣向榮，眾元素伏伏貼貼。」他的結論是：「有生之日，我常保您的聖容顏在眼前，常鎖您的聖天機在心中[194]。」

　　在這幾句話，我們隱約聽到構思於二千年後的一首詩歌的先聲，詩中洋溢賽姬的音容：

　　　　爾等誠心悔罪人，
　　　　齊來仰望救難尊容，

---

[193]〔原注〕這些發展最為我們所了解的是，陽性是由心靈的部分結構所引導，那只是心靈具有指導作用的總合體的部分面向，即阿尼瑪。

[194]〔英譯注〕根據Robert Graves的譯本。

心懷感恩情

再造自身定命受福祐。

且容善天性

隨時為您來伺候；

閨女、聖母、天后暨女神，

但願慈恩仍依舊[195]。

---

[195] 〔英譯注〕歌德《浮士德》第二部最後一場，依Willard R. Trask的譯本。〔中譯注〕中譯的押韻模式（AAABABAB）與歌德原文（ABABCDCD）有出入。

後記
〔阿普列烏斯的創意貢獻〕

　　《金驢記》一書流傳給我們的丘比德與賽姬的故事，並不是阿普列烏斯向壁虛構。阿普列烏斯生於西元124年，他以故事體裁完成的敘事，起源年代比這早得多[196]。

　　民間故事幾乎沒有例外，總是包含被主流文化所認可的神話體系排除在外的神話實體。舉例來說，埃及巴塔（Bata）的故事保留了伊希絲和歐希瑞絲的神話原貌。賽姬的故事也一樣，卻不只是這樣，這是它獨一無二的地方。最迷人的是，除了目不暇給的神話特色和引人入勝的文義脈絡，它同時還呈現其內容恰恰是個體從元始神話世界獲得解放的一段發展過程，也就是心靈得到自由的過程。

　　近年來的學術研究業已揭露大量似乎以賽姬的故事為聚合點的實際或可能的資料來源與影響。可是這方面的討論對我們來說只是次要的。心理學家關心的，主要不在於各部分的起源與歷史，而是在於和各個組成部分有關係的整體這個有意義的統一體。

---

[196] 〔原注〕Fulgentius告訴我們，阿普列烏斯的故事取材於雅典的說書人Aristophontes，可是這筆資料對我們無甚助益，頂多只表示古典時期的藝術作品熟悉這個故事。見Rohde, *Der griechische Roman und seine Vorläufer*, p. 371 n.

可是，就像我們在解析夢的內容時，通常唯有放大各個部分才可能明白意義所在，同樣的道理，瞭解傳統素材的新合成體也便於我們觀照整體的意義。比較研究該已揭露賽姬故事中大量的民間故事母題[197]，這並不令人驚訝，也談不上有什麼啟發，因為它只不過表示同樣的原型母題出現在不同的地方。至於我們必需處理的這些母題到底是移植的或是自發的，這個問題跟我們的目的毫不相干。

有人說在這個故事中，「人類靈魂的定命經歷種種考驗而獲得淨化，其呈現方式與柏拉圖式寓言如出一轍[198]。」這話無疑有幾分老生常談的道理，當作通則來看卻有如混淆柏拉圖式象徵與柏拉圖式寓言那樣不能當真。

這樣的詮釋乃是把阿普列烏斯的柏拉圖思想當成這整個故事的源頭，就像無視於賽姬神話之複雜性與原創性的那一切詮釋，必定要加以摒棄。話雖這麼說，無疑有個從柏拉圖承襲而來的傳統扮演了形塑這一則神話故事的重要角色，就是針對這一點，我們在下文還有些話要說。

同樣荒謬的論點是主張《金驢記》書中有個「倫理目的[199]」。在這裡，一如我們經常見到的，巴霍芬憑直覺[200]察覺到極其重要的關係，並且有所闡明。我們只部分同意他的論點，這是實情，因為我們再也不會受到巴霍芬那個時代的基督教倫理教條的掣肘，而且我們採取深層

[197] 〔原注〕Weinreich, "Das Märchen von Amor und Psyche," in Friedländer, *Darstellungen aus der Sittengeschichte Roms*.
[198] 〔原注〕Ilmer, *Einleitung zu Apuleius, Der Goldene Esel*, p. iii.
[199] 〔原注〕同前注，頁 iv。
[200] 〔原注〕Bachofen, *Versuch über die Gräbersymbolik*.

心理的洞識作為出發點。儘管如此，巴霍芬畢竟是率先看出賽姬的故事反映陰性－心靈發展的一個重要區段的作家。這當中的關連，我們務必牢記巴霍芬論及「母權」（Mother Right）極其精彩的段落[201]——把愛樂等同於酒神狄奧尼索斯，並且從賽姬－狄奧尼索斯這一層關係拈出女性心理若干基本的狀況——以及他在探究古代墳墓的象徵意義時論及賽姬神話的那一大段文字[202]。

在另一方面，流傳到我們手上的這個神話故事乃是多種不同來源的合成體，對於這些部分的知識有一大貢獻來自賴森旭坦發現賽姬是東方的女神[203]。在一份埃及法術紙莎草卷，賴森旭坦找到愛樂的圖像[204]，以男孩的造形呈現栩栩如生的神相，還附有描述詞：「心慾宮的常駐者，美臥榻之主」，以及「有翼龍」。賽姬女神的部分則是：「賦給宇宙運轉和活力；一旦有赫梅斯引導，她將帶來快活」；她的伙伴是無所不知的龍妖。

賴森旭坦指涉阿普列烏斯在世時的諾斯替教誠然有用，但是就如同我們即將明白的，談不上利多。賴森旭坦指出諾斯替教信仰所稱上帝以肉眼看不見卻充斥肉體意味的方式與其選民的靈魂結為配偶，雀屏中選的人從他那兒接受永生的種子。選民的靈魂在苦惱當中與誘惑當前必須保持對於這個隱形新郎的信心，相信確實在肉身死亡之後面

---

[201] 〔原注〕Bachofen, *Das Mutterrecht*, vol. II, p. 585.

[202] 〔原注〕Bachofen, *Versuch*, p. 94.

[203] 〔原注〕Reitzenstein, "Die Göttin Psyche."

[204] 〔原注〕愛樂這個名字取其對比阿摩或丘比德之意，見〈疏義：前言〉（頁84）的說明。又見Jahn, *Bericht über einige auf Eros und Psyche bezügliche Kunstwerke*; Pagenstecher, "Eros und Psyche"; and Reitzenstein, "Eros und Psyche in der altägyptisch-griechischen Kleinkunst."〔中譯注〕關於愛樂的名字，見注11和15。

謁上帝並且跟他舉行一場天界婚禮[205]。賴森旭坦適切引述斐洛[206]，說
「在巴可斯的秘儀中，超脫的狀態意指遭受愛樂強暴」，並且指出若
干現代的民俗信仰，如埃及人對於zar——即「靈」——的看法，那
是少女結婚實際託付的對象。被靈給「附身」在鬼神學的文獻史不絕
書[207]，此一狀態就可以從這個脈絡來考慮。

　　可是這意味著我們得要處理陰性與某個肉眼不可見的陽性靈互相
作用的原型過程，此一過程廣見於所有的神話經驗，因此當然能夠在
所有「資料來源」找得到。

　　更仔細探究，不難發現這些「資料來源」跟賽姬神話的相似性幾
乎被有過之而無不及的一個歧異給掩蓋；而且，雖然不可能在這裡岔
題詳加解說，我們發覺這裡說的相似性大多數跟原型有關，歧異則是
特定的。舉例而言，我們的神話故事和賴森旭坦的諾斯替教神話故事
這兩者的關係就是這樣，賽姬遭受黑暗王子的劫持，最後卻由於完滿
的[208]無上神明而得到救贖。

　　伊朗諾斯替教的原型二元論跟愛樂在我們的神話故事中的雙重
結構截然不同，後者的本質恰恰相反，質言之就是在配偶，即愛樂，
所體驗到種種對立的合成體。我們大可用同樣的說法看待賴森旭坦所
建構東方的賽姬神話，即賽姬殺死愛樂之後，為了帶給他生命水而起

---

[205]　〔原注〕Reitzenstein, "Die Göttin Psyche," p. 25.
[206]　〔原注〕Philo, *De vita contemplativa*, 473 M.隨後引文的「巴可斯」是酒神狄奧尼索斯的別
　　　名；關於他的密教和秘儀，詳見拙譯《尤瑞匹底斯全集一》引論相關的段落。
[207]　〔原注〕參見Ansky一個有趣的劇本*The Dybbuk, or Between Two Worlds*, 該劇鋪陳的就是這種
　　　愛情「附身」。
[208]　完滿的：pleromatic, 源自希臘文pleroma,「充滿」或「豐盛」之意，既指容量上的添滿，
　　　亦指數目或時間的滿數，在《新約》的用法中係指神性本質的豐滿或圓滿。

程前往下界。話說從頭，這個東方的神話苞[209]，我們對它的認識來自伊絲塔和塔牧茲，它和賽姬神話根本扯不上關係[210]，因為強調的重點恰恰相反。即使有個這一類東方的神話基本素材曾經影響賽姬的神話故事，那也是——這是重點——經過阿普列烏斯鋪陳渲染而脫胎換骨了。凱瑞尼試圖建立「持缽女神[211]」與賽姬的關係也可以作如是觀。一方面有「持缽女神」而另一方面有阿瑞阿德妮和泰修斯－狄奧尼索斯[212]，他要在這兩者確立類比的關係，又把女神所持之缽詮釋為藉由陽性「需索滿足」，如果他是對的，那麼這種接受並等待救贖的態度正好和賽姬神話最關緊要的重點形成尖銳的對比，質言之就是賽姬積極主動的行動能力，她獲得救贖所憑恃的是自己的**主動**。正如我們說明過的，此一「需索滿足」僅僅適用於最後的形勢。可是這個神話形勢本身涉及原型，不需要從事比較研究的學者出面援引「源流」。

因此東方的神話苞跟我們的賽姬神話故事的關連頂多只是聊勝於無。要說相似性，上古希臘民間所流傳賽姬的故事更高出許多。雖然我們沒有那個故事的文本，從上古藝術不計其數的迴響可以知道確有其事，故事中的愛樂不只是帶苦難給賽姬——通常以蝴蝶圖示（因

---

[209] 神話苞：mythologem，榮格定義為心靈的結構要素，以不變的形態出現於不同年代與地區，如失去靈魂、支解身體、入冥、升天、與精神配偶團圓等是。廣見於歷史上不同文化與不同時期的母題即構成「神話苞」的原型意象（Sander and Wong 45-6）。

[210] 〔原注〕Reitzenstein（"Die Göttin Psyche,"）和Keréyni（"Die Göttin mit der Schale"）先後詮釋為呈現賽姬殺死愛樂的埃及赤陶像，其實根本沒有那麼一回事。〔中譯注〕伊絲塔與塔牧茲即蘇美神話的伊南娜和杜牧齊，關於他們的故事與意涵，詳見拙作《陰性追尋》110-47。

[211] 〔原注〕Kerényi, "Die Göttin mit der Schale."

[212] 阿瑞阿德妮是建造克里特迷宮的米諾斯王之女。迷宮住有一頭人牛怪，以雅典進貢的童男童女為食，泰修斯廁身其中。在阿瑞阿德妮幫助下，泰修斯殺死人牛怪，並且平安逃出迷宮。她隨泰修斯回雅典，卻被遺棄在納克索斯島上。後來酒神戴奧奈索斯抵達該島，一見鍾情，隨即成婚。婚後，宙斯賜給阿瑞阿德妮永生。

為psyche這個字正是這個意思[213]）——而且他本身也同樣受到賽姬的折磨[214]。這顯示我們這個賽姬神話的若干中心母題源遠流長，倒是前文提到的東方神話遍尋不得。人的靈魂不是被動接受淨化變純潔，而是主動對有情的愛樂施以淨化，此一觀念已見於民間故事，而後在賽姬的神話故事中意義豁然開朗。在這神話故事，蛻變的不是只有賽姬一個人；她的定命已經跟她的配偶愛樂糾纏在一起難分難解。這麼說來，我們擁有的是一則涉及男女關係的神話故事。

　　追蹤這個愛樂的神話史遠超過我們的範圍。可是說來不意外，他的神話故事應該總是關連到「母系秘儀」。愛樂就其為阿芙羅狄特之子而言，有人拿他比擬於何魯斯[215]，此一類比顯示他和母系秘儀這個大領域有關連，畢竟母系秘儀是由伊希絲主導的，伊希絲則是何魯斯的母親。尤有進者，晚近的學者[216]相信上古希臘愛樂的前身乃是前希臘時期年輕的克里特神，可比擬於阿多尼斯和阿提斯之輩的神界青年，他們跟大母神的關係昭然若揭[217]。愛樂的這個克里特源頭把我們帶回到前父系時代，亦即地中海地區的母系文化層，其源頭可以上溯

---

[213] 見注31。蝴蝶：諾伊曼原文為 *Falter*，「蝴蝶，鱗翅類昆蟲」，Manheim英譯作 *moth*，「蛾」，可能是因為蝴蝶和蛾都屬於鱗翅類昆蟲。

[214] 〔原注〕Jahn, *Bericht.*

[215] 〔原注〕Persson, *The Religion of Greece in Prehistoric Times*, p. 119.

[216] 〔原注〕Persson前揭書頁151。〔中譯注〕下文緊接著提到的「前希臘時期」（pre-Hellenic），見注219中譯注。

[217] 阿多尼斯是阿芙羅狄特的情侶，他們的故事見奧維德《變形記》10.503-739（或拙作《情慾幽林》選譯）。阿提斯（Attis，亦作Atys）是小亞細亞弗里吉亞地區大母神庫蓓蕾的情侶，因違背愛情誓言而被逼瘋，死於非命。一年一度在春季為他舉行持續三天的祭典具有酒神祭禮的特徵：第一天，一株以紫羅蘭裝飾的松樹被抬進庫蓓蕾的神殿，象徵去世的阿提斯；第二天，在喧囂的音樂伴奏狂悲哀慟聲中，哀悼的人群前往山區尋找阿提斯；第三天尋獲阿提斯，狂歡取代狂悲。此一祭禮類似希臘女性紀念酒神的死亡與重生，神話故事本身則咸認對應於阿芙羅狄特與阿多尼斯的傳說，而該希臘傳說使人想起閃族人傳說中的塔牧茲與伊絮塔（Avery 199）。

到史前時代[218]。

此一關連還有個極其重要的相似之處：柏拉圖的對話錄《會飲篇》（*Symposium*）中狄奧提瑪所介紹的愛樂——狄奧提瑪其人，蘇格拉底只輕描淡寫說是陰性秘儀的女祭司[219]。在探討「會飲篇的大魔神[220]」時，凱瑞尼詮釋這個愛樂及其奧秘入木三分。愛樂的奧秘無非是「在美當中醞釀並生產」，生下「由於他的現身而孕育身體與靈魂的神秘之子」，這一懷胎適足以見證愛樂的存在與活動。懷孕期滿，愛樂的痛苦結束，結果就是「在美當中誕生」。這種誕生最高級的形態，正如蘇格拉底從狄奧提瑪的母系秘儀獲知的，是在「啟蒙者重生為神聖生命」中的自體誕生（self-birth）。

無庸置疑，如果身為柏拉圖主義者的阿普列烏斯瞭解凱瑞尼所闡釋狄奧提瑪的愛樂奧秘，他必定早就將之與伊希絲秘儀、埃萊夫西斯秘儀以及上古所流傳有關苦難賽姬的民間故事相提並論。諾斯替教與

---

[218] 〔原注〕Levy, *The Gate of Horn*; Thomson, *The Prehistoric Aegean*.

[219] 〔原注〕又是多虧巴霍芬，我們才了解這個曼提尼亞人狄奧提瑪和佩拉斯吉－母系——也就是前希臘——文化領域的關連（Bachofen, *Das Mutterrecht*, Vol. II, pp. 844 ff.）。〔中譯注〕佩拉斯吉人（Pelasgi）是古代希臘人對於公元前十二紀以前住在希臘境內的前希臘民族的統稱，《伊里亞德》提到他們在特洛伊戰爭中與特洛伊人結盟，公元前五世紀時他們遺留的村莊顯然還保存著一種共同的非希臘語言。不過這個名詞在後來的希臘語中泛指愛琴海地區所有不是講希臘語的「原住民」（Avery 831）。至於「狄奧提瑪所介紹的愛樂」，見《會飲篇》201D-212A（王曉朝譯本2:230-41）。

[220] 〔原注〕Kerényi, *Der grosse Daimon des Symposion*.〔中譯注〕凱瑞尼這本書的標題取自狄奧提瑪告訴蘇格拉底的話，說愛樂「是個大魔神」（《會飲篇》202E，王曉朝譯作「精靈」），引文中所稱的「魔神」（參見注63），在古希臘宗教信仰指賦予各人個別命運的神物。荷馬以之稱呼奧林帕斯眾神，赫西俄德（Hesiod）以後視為人神之間的媒介，他們影響人的定命可以為善也可以為惡。引狄奧提瑪的說法，「他們來往於天地之間，傳遞和解釋消息，把我們的崇拜和祈禱送上天，把天上的應答和誡命傳下地」（《會飲篇》202E）。民俗信仰視其為個人的保護靈，希臘哲學卻說他們是人得自天啟的靈光。然而，在羅馬、東方和早期基督教影響之下，魔神一變而為邪靈惡勢力（Avery 88）。

東方的影響或許也有關係。然而，在這一則神話故事的每一個步驟，我們感到驚嘆不已的是故事本身的統一性以及從中流露女性心理的統一性，這不可能全盤得自既有的資料素材本身。唯有擺在源遠流長的「母系心理」這個背景上才有可能理解，無數的神話故事、儀式和秘儀都辨識得出那個心理在層次分明的心靈結構中生機尚存[221]。

　　或許現在我們有立場瞭解一個男人怎麼有本事寫出賽姬的故事這樣一份女性心理的關鍵性文獻，因為他無疑不僅僅是功在承傳，甚且連賦予形式他也有功與焉。客觀來看，源遠流長的母系心理有種種支流，如今匯聚在這一則神話故事。經由伊希絲的奧秘，埃及對希臘化時期的啟蒙秘儀展現無比強勁的影響力；至於埃萊夫西斯秘儀，連同希臘和前希臘時代的愛樂秘儀，乃是源自採行母系制的前希臘時代地中海文化，後來透過曼提尼亞人狄奧提瑪影響到柏拉圖和信奉柏拉圖哲學的阿普列烏斯。同樣的道理，阿芙羅狄特的神話故事與秘儀都不是希臘本土的，而是來自崇拜大母神的近東周邊地區，希臘眾女神不過是各自代表她的某部分神相。大母神及其年輕兒子（譬如伊絮塔的例子）這個東方的神話苞也同樣屬於母系社會，而諾斯替教的神話故事，連同其具備原型特徵的精神－天上的世界，明顯透露方興未艾的陽性父制的意識形態力敵大母神原型的宰制勢力[222]。

　　對阿普列烏斯來說，一如他那個時代的許多人，這個客觀的文化資料變成主觀的經驗乃是由於他接受伊希絲秘儀的啟蒙，他在《金驢記》描述伊希絲秘儀，母系心理就是在伊希絲秘儀成為男性的經驗。

---

[221]　〔英譯注〕見諾伊曼《大母神》頁281以下。
[222]　〔原注〕見諾伊曼《意識的起源與歷史》頁163以下、460以下，及其他地方。

這個宗教啟蒙的經驗在阿普列烏斯身上變成男人的個人經驗,另外還有個理由:他是個有創意的作家,跟婦女一樣必須生產,廁身於「賽姬所引導」的行列[223]。

---

[223] 《會飲篇》205B-C就是把創作和愛相提並論,都是以不朽為目標的一種無中生有的活動。賽姬的故事,一如諾伊曼的詮釋,同樣把女性獨有的生產經驗轉化成隱喻,深具陰性洞識,見拙作《陰性追尋》頁155-60和264-7。

引用書目

中文

弗雷澤。《金枝》。共2冊。*The Golden Bough*. J. G. Frazer.汪培基譯。台北：桂
　　冠，1991。

呂健忠。《陰性追尋：西洋古典神話專題之一》。新北：暖暖，2014。

---譯注。《尤瑞匹底斯全集一》。台北：書林，2015。
　　　含《米蒂雅》、《酒神女信徒》和《特洛伊女兒》。

---。《情慾幽林：西洋上古情慾文學選集》。修訂版。2002；台北：秀威，2011。

---。《情慾花園：西洋中古時代與文藝復興情慾文選》。修訂版。2002；台北：
　　秀威，2011。

---。《奧瑞斯泰亞》。*Oresteia*. Aeschylus. 修訂版。2006；台北：秀威，2011。

---。《馬克白：逐行注釋新譯本》。*Macbeth*. William Shakespeare.台北：書林，
　　1999。

易卜生。《海洋女兒》。*The Lady from the Sea*. Henrik Ibsen.《易卜生戲劇集》。
　　共5冊。呂健忠譯。台北：書林，2013。4:3-102。

佛洛伊德。《圖騰與禁忌》。*Totem and Taboo*. Sigmund Freud.楊庸一、林克明
　　譯。台北：志文，1976。

索福克里斯。《安蒂岡妮》。*Antigone*. Sophocles.《索福克里斯全集》。共2冊。
　　呂健忠譯。台北：書林，2009。1:267-340。

柏拉圖。《柏拉圖全集》。王曉朝譯。台北新店：左岸，2003。

亞里斯多芬尼斯。《利西翠妲》。*Lysistrata*. Aristophanes.呂健忠譯。台北：書
　　林，1989。

奧維德。《變形記》。*Metamorphoseon*. Ovid.呂健忠譯。臺北：書林，2008。

翁嘉聲。〈土生土長為雅典人之憲章神話〉。成功大學《西洋史集刊》9 (1999):
　　127-180。

外文

Adlington, William, trans. *The Golden Ass* (《金驢記》). 1566. Lucius Apuleius. Ed. Harry C. Schnur. New York: Collier, 1962. 108-48.

Aelian [Claudius Aelianus]. *Varia historia*. In *Works*, Vol. II. Edited by Rudolf Hercher. Leipzig, 1866.

Apuleius, Lucius (阿普列烏斯). "Cupid and Psyche" (〈丘比德與賽姬〉). 見Adlington、Gaselee和Kline。

Ansky, S., pseud. [Solomon Rappoport]. *The Dybbuk, or Between Two Worlds*. Trans. from the Yiddish by Henry G. Alsberg and Winifred Katzin. New York, 1926.

Avery, Catherine B. *The New Century Classical Handbook*. New York: Apple-Century-Crofts, 1962.

Bachofen, Johann Jakob (巴霍芬). *Das Mutterrecht* (《母權》). (Gesammelte Werke, Vols. II and III.) Basel, 1948. 2vols.

---. *Myth, Religion, and Mother Right: Selected Writings of Johann Jakob Bachofen*. Trans. Ralph Manheim. Princeton, NJ: Princeton UP, 1992.

---. *Versuch über die Gräbersymbolik der Alten*. (Gesammelte Werke, Vol. IV.) Basel, 1954.

Bettelheim, Bruno (布魯諾・貝托罕). *The Uses of Enchantment: The Meaning and Importance of Fairy Tales* (《童話的魅力》). 1975; New York: Random House, 1977.

Briffault, Robert (布瑞否). *The Mothers*. London and New York, 1927. 3 vols.

Campbell, Joseph (坎伯). *The Hero with a Thousand Faces* (《千面英雄》). Rev. ed. Bollingen Series 17. Princeton: Princeton UP, 1968.

Cleomenes, Nikolaos. "Eros in Homer and the Mycenaean's World, Part I." <http://www.ancientworlds.net/ql/Post/111334>. Feb 27, 2003.

Dashu, Max. Review. *The Myth of Matriarchal Prehistory: Why an Invented Past Won't Give Women a Future* by Cynthia Eller. Boston: Beacon Press, 2000. <http://www.suppressedhistories.net/articles/eller.html>. Jan. 20, 2004.

Deussen, Paul, trans. *Sechzig Upanishad's des Veda*. Leipzig, 1897.

Dibelius, Martin. "Die Isisweihe bei Apuleius und verwandte Initiations-Riten." *Sitzungsberichte der Heidelberger Akademie der Wissenschaften*, 1917, no. 4.

"Erotes Ryton." <www./artfromgreece.com/stories/v53.html>. Feb. 4, 2004.

Evans-Wentz, W. Y., ed. *The Tibetan Book of the Dead* (《西藏度亡經》). Lama Kazi Dawa-Samdup's English rendering. 2nd ed, London, 1949.

Frankel, Ellen, and Betsy Platkin Teutsch. *The Encyclopedia of Jewish Symbols*. 1992; Northvale, NJ: Jason Aronson, 1995.

Frazer, James (弗雷澤). *The New Golden Bough* (《金枝》). Ed. Theodor H. Gaster. New York: S. G. Philips, 1959.

Freedman, David Noel. *Anchor Bible Dictionary*. New York: Doubleday, 1992.

Friedländer, Ludwig. *Darstellungen aus der Sittengeschichte Roms in der Zeit von August bis zum Ausgang der Antonine*. Leipzig, 1910. 4 vols.

Frymer-Kensky, Tikva. "Agricultural Fertility and the Sacred Marriage." <http://www. gatewaystobabylon.com/essays/fertilitysacred marriage.html>.

Gaselee, Stephen, ed. *The Golden Ass, being the Metamorphoses of Lucius Apuleius*. Lucius Apuleius. London: William Heinemann; New York: G.P. Putnam's Sons. 1915. *Perseus Digital Library*.

Gollnick, James (戈尼克). *Love and the Soul: Psychological Interpretations of The Eros & Psyche Myth* (《愛情與靈魂：丘比德與賽姬神話的心理學詮釋》). Waterloo, Ontario, Canada: Wilfrid Laurier UP, 1992.

Grant, Michael. *Myths of the Greeks and Romans*. New York: New American Library, Inc., 1962.

Graves, Robert, trans. *The Transformation of Lucius, otherwise known as The Golden Ass, by Lucius Apuleius*. London and New York, 1950.

Günther, Hans F. K. *The Religious Attitudes of the Indo-Europeans* (《印歐民族的宗教態度》). *Frömmigkeit nordischer Artung: Ein Querschnitt durch das Indogermanentum von Benares bis Reykjavik*. 6th ed. 1963. Trans.Vivian Bird and Roger Pearson. London: Clair Press, 1967. Digitalized by Karl Earlson, 2003. <http://www4.stormfront.org/ whitehistory/earlson/raie01/3.htm>.

Haeffner, Mark. *Dictionary of Alchemy: From Maria Prophetessa to Isaac Newton* (《煉金術辭典》). London: Aquarian Press, 1991; Manchester: Aeon, 2004.

Harley, Rev. Timothy. *Moon Lore*. London: Swan Sonnenschein, Le Bas & Lowry, 1885. <http.www.sacred-texts.com/astro/ml>.

Harsh, Philip Whaley. *A Handbook of Classical Drama*. Stanford: Standord UP, 1944.

Herodotus (希羅多德). *The History of Herodotus*. Great Books of the Western World. 60 vols. Ed. Mortimer J. Alder. Chicago: Encyclopaedia Britannica, 1990.

Ilmer, Florens, ed. *Einleitung zu Apuleius, der Goldene Esel.* Berlin, 1920.

Jahn, Otto. *Bericht über einige auf Eros und Psyche bezügliche Kunstwerke.* 1851.

Jones, Terry, narrator. *Ancient Inventions: Sex and Love.* VCD. Dir. Daniel Percival. Discovery Communications Inc.

Jung, C. G. (榮格)。《榮格自傳：回憶‧夢‧省思》。*Memories, Dreams, Reflections.* 劉國彬、楊德友譯。台北：張老師，1997。

---. *Psychology and Alchemy.* Translated by R. F. C. Hull. Collected Works, Vol.12. New York and London, 1953.

---. "The Psychology of the Child Archetype." In: Jung and Kerényi, C. *Essays on a Science of Mythology*, q.v.

---. "The Relations between the Ego and the Unconscious." In: *Two Essyas on Analytical Psychology.* Collected Works, Vol.7. New York and London, 1953.

--- and Kerényi, C. *Essays on a Science of Mythology.* Translated by R. F. C. Hull. New York and London, 1950/51. [London edn, titled *Introduction to a Science of Mythology.*]

--- and Wilhelm, Richard. *The Secret of the Golden Flower.* Translated by Cary F. Baynes. New Yorkand London, 1931.

Kerényi (凱瑞尼), C. "Die Göttin mit der Schale." In: *Niobe.* Zurich, 1949.

---. *Der grosse Daimon des Symposion.* (Albae Vigiliae, XIII.) Amsterdam, 1942.

---. "The Psychological Aspects of the Kore," in Jung, C. G. and Keréyni, *Essays on a Science of Mythology*, q.v.

---. *Töchter der Sonne.* Zurich, 1944.

---. "Urmensch und Mysterien." *Eranos-Jahrbuch 1947* (Zurich, 1948).

Kline, A. S., Trans. *The Golden Ass.* Lucius Apuleius. <http://www.poetryintranslation.com/PITBR/Latin/Apuleiushome.htm>. 2013.

Levy, G. Rachel. *The Gate of Horn.* Chicago and London, 1948.

Lévy-Bruhl, Lucien. *Primitive Mentality.* Translated by Lilian A. Clare. London and New York, 1923.

Lurker, Manfred. *Dictionary of Gods and Goddesses, Devils and Demons.* 1984. Trans. G. L. Campbell. New York: Routledge, 1987.

Neumann, Erich (艾瑞旭‧諾伊曼). "Die Bedeutung des Erdarchetyps, für die Neuzeit," *Eranos-Jahrbuch 1954* (Zurich, 1955).

---. *The Great Mother: An Analysis of the Archetype* (《大母神》). Trans. Raplh Manheim. 2nd ed. 1955; Princeton, N.J.: Princeton UP, 1963.

---. *The Archetypal World of Henry Moore* (《亨利‧摩爾的原型世界》). Transl. R. F. C. Hull. Princeton, N.J.: Princeton UP, 1959

---. *The Origins and History of Consciousness* (《意識的起源與歷史》). 1949. Trans. R. F. C. Hull. Princeton, N.J.: Princeton UP, 1954.

---. "The Moon and the Matriarchal Coinsciousness" (《月亮與母系意識》). *The Fear of the Feminine and Other Essays on Feminine Psychology*. Trans. Boris Matthews, Esther Coughty, Eugene Rolfe, and Michael Cullingworth. Princeton: Princeton UP, 1994. 64-118.

---. "Die mythische Welt und der Einzelne." *Eranos-Jahrbuch 1949* (Zurich, 1950). Also in *Kulturentwicklung und Religion.* (Umkreisung der Mitte, Vol. I) Zurich, 1953.

---. "Die psychologischen Stadien der weiblichen Entwicklung." In: *Zur Psychologie des Weiblichen*, q.v.

---. "Über den Mond und das matriarchale Bewusstsein." *Eranos-Jahrbuch*, Sonderband, Vol. XVIII (Zurich, 1950). Also in: *Zur Psychologie des Weiblichen*, q.v.

Pagenstecher, Rudolf. "Eros und Psyche." *Sitzungsberichte der Heidelberger Akademie der Wissenschaften*, 1911, no. 9.

Perseus Digital Library. <http://www.perseus.tufts.edu/hopper/>.

Persson, A. W. *The Religion of Greece in Prehistoric Times.* (Sather Classical Lectures, No. 17.) Berkeley and Los Angeles, 1942.

Philippson, Paula. *Thessalische Mythologie.* Zurich, 1944.

Philo, Judaeus. *De vita contemplativa.* Translated by F. F. Colson in the Loeb Classical Library *Philo*, Bol. IX. Cambridge, Mass., 1941.

Picard, Charles. "Die Ephesia von Anatolien." *Eranos-Jahrbuch 1938* (Zurich, 1939).

Plutarch. "Obsolescence of Oracle." *Moralia*. 6 vols. Trans. Frank Cole Rabbitt. The Loeb Classical Library. Cambridge, Mass.: Harvard UP, 1936. 5: 348-501.

Powers, Jennifer. "Ancient Greek and Roman Weddings." <www.pogodesigns.com.JP/weddings>. May 17, 2000.

Purucker, G. de, ed. *Encyclopedic Theosophical Glossary: A Resource on Theosophy.* Theosophical UP Online Edition, 1999. <http://www/theosociety.org/pasadena/etgloss/etg-hp.htm>.

Reitzenstein (賴森斯坦), Richard. "Eros und Psyche in der altägyptisch-griechischen Kleinkunst." *Sitzungsberichte der Heidelberger Akademie der Wissenschaften*, 1914, no. 10.

---. "Die Göttin Psyche in der hellenistischen und frühchristlichen Literatur." *Sitzungsberichte der Heidelberger Akademie der Wissenschaften*, 1917, no. 12.

---. *Das Märchen von Amor und Psyche bei Apuleius.* Berlin and Leipzig, 1912.

Rilke, Rainer Maria. *Poems.* Translated from the German by J. B. Leishman. London, 1934.

Rohde, Erwin. *Der griechische Roman und seine Vorläufer.* 3rd edn., Leipzig, 1914.

Rose, Herbert. *A Handbook of Greek Mythology.* 5th edn., London, 1953.

Russell, Donald, trans. *Selected Essays and Dialogues.* Plutarch. World's Classics. Oxford: Oxford UP, 1993.

Sander, Donald F., and Steven H. Wong. *The Sacred Heritage.* New York and London: Routledge, 1997.

Shapero, Hannah M. G. "Ancient Greek Mysticism." <http:www.hierogeometry.com/HMGS.htm>. Aug. 6, 1999.

Stone, Merlin. *When God Was a Woman.* San Diego: Harcourt Brace, 1976.

Thomson, George. *The Prehistoric Aegean.* (Studies in Ancient Greek Society, Vol. I.) London, 1949.

Ungnad, Arthur. *Die Religion der Babylonier und Assyrier.* Jena, 1921.

Weinreich, Otto. "Das Märchen von Amor und Psyche." In: Friedländer, q.v., Vol IV, sec. 10.

Wilhelm, Richard. See Jung C. G., and Wilhelm, Richard.

Westenholz, Joan G. "King by Love of Inanna." *Modern Essays, Ancient Wisdom.* <http://www.gatewaystobabylon.com/essays/htm>. 27 April 2002.

Do身體04　PE0071

丘比德與賽姬
──陰性心靈的發展（修訂版）

作　　者／艾瑞旭・諾伊曼
譯　　者／呂健忠
責任編輯／蔡曉雯
圖文排版／楊家齊
封面設計／王嵩賀

出版策劃／獨立作家
發 行 人／宋政坤
法律顧問／毛國樑　律師
製作發行／秀威資訊科技股份有限公司
　　　　　　地址：114 台北市內湖區瑞光路76巷65號1樓
　　　　　　電話：+886-2-2796-3638　傳真：+886-2-2796-1377
　　　　　　服務信箱：service@showwe.com.tw
展售門市／國家書店【松江門市】
　　　　　　地址：104 台北市中山區松江路209號1樓
　　　　　　電話：+886-2-2518-0207　傳真：+886-2-2518-0778
網路訂購／秀威網路書店：https://store.showwe.tw
　　　　　　國家網路書店：https://www.govbooks.com.tw

出版日期／2014年12月　BOD一版　**定價**／280元

|獨立|作家|
Independent Author

寫自己的故事，唱自己的歌

丘比德與賽姬：陰性心靈的發展 (修訂版) / 艾瑞
旭. 諾伊曼 (Erich Neumann) 著；呂健忠譯. --
一版. -- 臺北市：獨立作家, 2014.12
　　面；　公分. -- (Do身體系列；PE0071)
譯自：Amor und Psyche
ISBN　978-986-5729-44-8 (平裝)

1. 女性心理學

173.31　　　　　　　　　　　　　　103021992

國家圖書館出版品預行編目

讀 者 回 函 卡

感謝您購買本書，為提升服務品質，請填妥以下資料，將讀者回函卡直接寄回或傳真本公司，收到您的寶貴意見後，我們會收藏記錄及檢討，謝謝！
如您需要了解本公司最新出版書目、購書優惠或企劃活動，歡迎您上網查詢或下載相關資料：http:// www.showwe.com.tw

您購買的書名：＿＿＿＿＿＿＿＿＿＿＿＿＿＿＿＿＿＿＿＿

出生日期：＿＿＿＿年＿＿＿＿月＿＿＿＿日

學歷：□高中 (含) 以下　　□大專　　□研究所 (含) 以上

職業：□製造業　□金融業　□資訊業　□軍警　□傳播業　□自由業
　　　□服務業　□公務員　□教職　　□學生　□家管　　□其它＿＿＿

購書地點：□網路書店　□實體書店　□書展　□郵購　□贈閱　□其他

您從何得知本書的消息？

　□網路書店　□實體書店　□網路搜尋　□電子報　□書訊　□雜誌
　□傳播媒體　□親友推薦　□網站推薦　□部落格　□其他＿＿＿＿＿

您對本書的評價：(請填代號　1.非常滿意　2.滿意　3.尚可　4.再改進)

　封面設計＿＿　版面編排＿＿　內容＿＿　文／譯筆＿＿　價格＿＿

讀完書後您覺得：

　□很有收穫　□有收穫　□收穫不多　□沒收穫

對我們的建議：＿＿＿＿＿＿＿＿＿＿＿＿＿＿＿＿＿＿＿＿

＿＿＿＿＿＿＿＿＿＿＿＿＿＿＿＿＿＿＿＿＿＿＿＿＿＿＿

＿＿＿＿＿＿＿＿＿＿＿＿＿＿＿＿＿＿＿＿＿＿＿＿＿＿＿

＿＿＿＿＿＿＿＿＿＿＿＿＿＿＿＿＿＿＿＿＿＿＿＿＿＿＿

11466
台北市內湖區瑞光路 76 巷 65 號 1 樓

獨立作家讀者服務部　　　收

··

（請沿線對折寄回，謝謝！）

姓　　名：＿＿＿＿＿＿＿＿＿　年齡：＿＿＿＿　性別：□女　□男

郵遞區號：□□□□□

地　　址：＿＿＿＿＿＿＿＿＿＿＿＿＿＿＿＿＿＿＿＿＿

聯絡電話：(日) ＿＿＿＿＿＿＿＿＿　(夜) ＿＿＿＿＿＿＿＿＿

E-mail：＿＿＿＿＿＿＿＿＿＿＿＿＿＿＿＿＿＿＿